今原町家（提供 今原町家）

今宮神社　夏越の祓

時代祭 京都御苑

1月7日・若菜神事特殊神饌

3月3日・貴船神社（提供　貴船神社）

京都御苑　出水のしだれ桜

近衛邸跡の糸桜

京の七夕・堀川会場　光の天の川

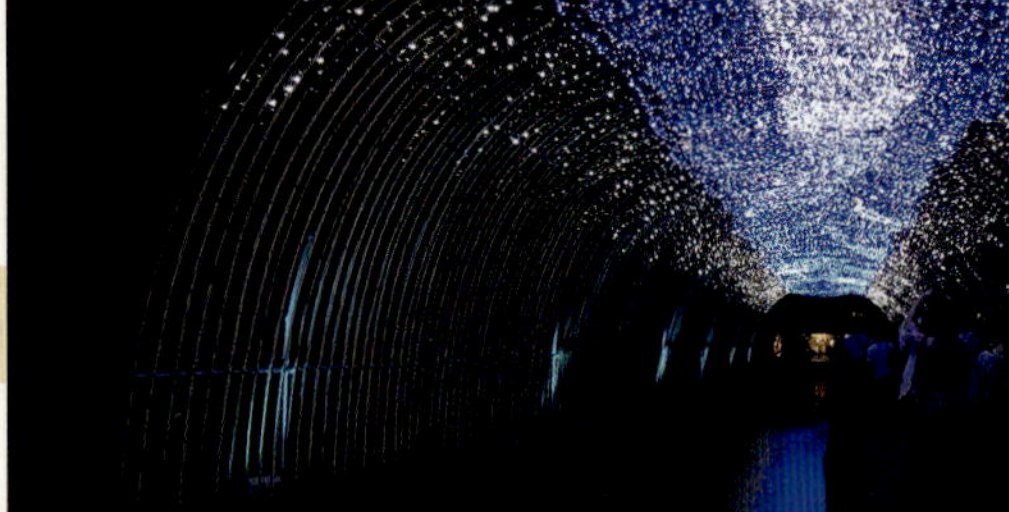
源光庵

あぶり餅

京都癒しの旅

京都生まれ京都育ちの著者がおくる、
あなたに寄り添う癒しの旅

案内人
下戸　眞由美
Orito Mayumi

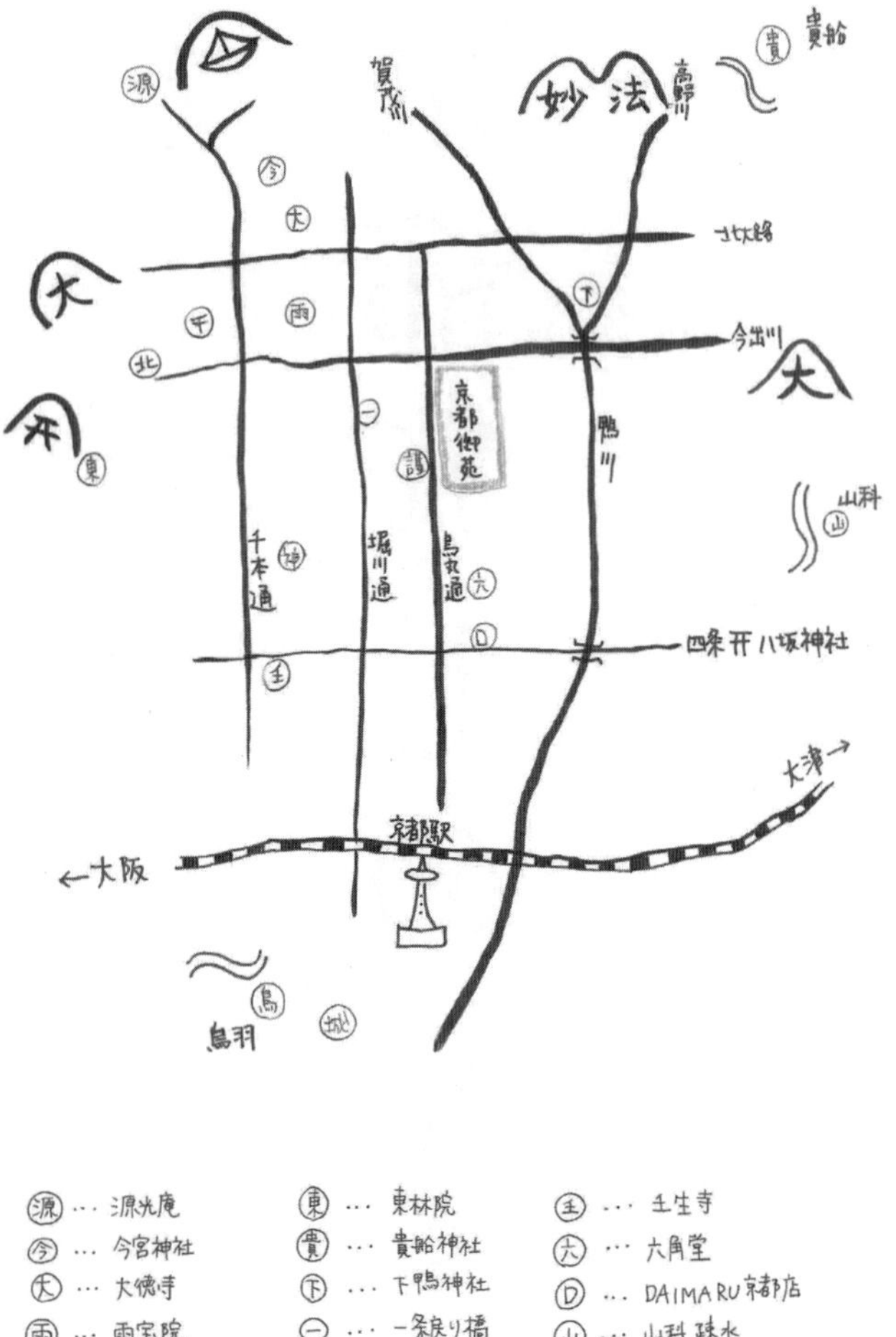

源 … 源光庵
今 … 今宮神社
大 … 大徳寺
雨 … 雨宝院
千 … 千本釈迦堂
北 … 北野天満宮

東 … 東林院
貴 … 貴船神社
下 … 下鴨神社
一 … 一条戻り橋
護 … 護王神社
神 … 神泉苑

壬 … 壬生寺
六 … 六角堂
D … DAIMARU京都店
山 … 山科疏水
鳥 … 鳥羽水環境保全センター
城 … 城南宮

まえがき

水無月《みなづき》を食べる日にとことんこだわる

五日間の出張から戻り、カバンを置いてふと夕刊を手に取り、私は青ざめました。今日が六月三十日だったことが全く意識になかったので。慌てて時計を見ると午後十一時三十八分、大慌てで財布を掴みコンビニに走ったのです。

「水無月、水無月、水無月はどこ?」とつぶやきながら売り場を探すも見当たらず。ない。尋ねるしかありません。

「水無月はありませんか?」

「売り切れです」と冷たい返事。この時間にはスーパーも和菓子屋さんも開いているはずがない、時すでに遅し。さて、どうしようかといてもたってもいられない気持ちで頭を働かせます。

そうだ、家に甘納豆があれば『なんちゃって水無月』が作れるはず。急いで家に引き返してそこかしこを探し回るも見つからず、ため息をついて時計を見るとすでに日付が変わっていたのです。

あぁと、全身の力が抜けその場にへたり込んでしまいました。


京都で生まれ育ったものにとっては六月三十日に『水無月』を食べるということは当たり前のこと、当たり前すぎて忘れるなんてありえないことのなのです。

水無月という和菓子は白い三角形の外郎《ういろう》の上に小豆を乗せたもので、これには夏の暑い時期を乗り切るおまじないの役割があるのです。白い外郎が氷室《ひむろ》の氷を表し、小豆は赤い色で邪気を祓《はら》うといわれているから。

昨今は、外郎が黒糖や抹茶を入れて色付けたものなど種類も増えていますが、この日に食べるのは氷を表す白と私は決めているのです。色まで決めてこの日に食べる大切なものなのに、この年はこの時間までなぜ気付かずにいたのでしょうか。

実は五日間の出張はかなり遠方でこの間、『水無月』という文

字を見ることがなかったのです。京都にいれば、この時期は水無月という文字や実物が否応無く目に入ってくるのです。なので、忘れることなどありえなかったのです。

しかし、出張中の忙しさもあり、すっかり飛んでしまっていたようで情けない限りでした。

幼い頃は近所の梅鉢《うめばち》さん（武者小路千家の近くの和菓子屋さん）で祖母に買ってもらう水無月に心弾ませ、何日も前から心待ちにしていました。今のように常から和菓子を食べる習慣が我が家ではなかったこともありましたので。

年を重ねて、いつもと違う和菓子屋さんの水無月を楽しむこともありましたし、たとえどんなに忙しくても近くのスーパーやコンビニで買い求めたものでしたが、ある年に爆発的に『なんちゃって水無月』がはやりました。いわゆる誰もが簡単にできる手作りの水無月。

上質の薄力粉と甘納豆と牛乳パックがあれば、見た目は同じようなものが作れるという凄技です。

実はその年から数年間は、六月末近くになると街中のスーパーの棚から甘納豆が消えるほどのはやりようでした。それほど、京都では水無月が愛されているのです。

今、旅の仕事をしていますが、六月三十日の『夏越《なごし》の祓《はらえ》』の旅案内の時には、水無月を食べに行きましょうとお客様に半ば強制的にお勧めしています。

水無月への想いを聞かされたお客様は「そこまで言われたら、食べずに帰れませんね」と他の和菓子に目もくれずにそれを選ばれることに。

それを食べているうちに魔法に掛かったように、これで夏を乗り切れると思えてくるのは先人たちから受け継がれた水無月の持つパワーに間違いないのです。

あなたの故郷でも、この日にはこれを食べるとことんこだわったものがありますか、食べもの、習わしなどへの愛着を通して今お住いの地への想いを再確認していただけたらこれ以上嬉しいことはありません。

平成最後の年三月

下戸《おりと》　眞由美《まゆみ》

目次

第二章　桜咲く頃から夏越の祓

――京都の行事や見処に想うこと

第三章　祇園祭から秋の彼岸
――京都の行事や見処に想うこと

第四章　お月見から終い弘法
——京都の行事や見処に想うこと

第五章　一歩離れて見えたこと

第六章　心に生きる京の風景と豊かさ

第一章
初春から春の彼岸
——京都の行事や見処に想うこと

今宮神社初詣《いまみやじんじゃはつもうで》　～あの方からいただく甘酒～

「あんたとこ、今宮《いまみや》さん？　御霊《ごりょう》さん？」この会話が飛び交うのは五月のお祭りの前のことでした。今から五十年近くも前の小学生の頃のこと。

おみこっさん（神輿）が、住んでいる地域を回ることやおたび（御旅所《おたびしょ》）に夜店が出るのが楽しみで仕方がなかったのです。当時、五月十五日が今宮神社、五月十八日が上御《かみご》霊《りょう》神社《じんじゃ》のお祭り（還幸祭《かんこうさい》）でした。（現在、今宮神社の還幸祭は五月十五日に近い日曜日）

昭和の頃は今にも増して地元の祭りを大切にし、子どもも大人も楽しみにしていたものです。私が生まれ育った小学校区は小川通を境に今宮さん（今宮神社）と御霊さん（上御霊神社）の氏子に分かれていて、低学年の頃は祭りの当日は、学校から帰るやいなや、おみこっさん（神輿）を見てワクワクしていました。

神事がどうとか考えたこともない幼きあの頃。私は今宮さんの氏子でした。

御出祭《おいで》（神幸祭《しんこうさい》）から御還祭《おかえり》（還幸祭）までの間、大宮の御旅所に神輿が飾られ、夜店が出ます。小学生の頃、夕方から出掛けること自体がめったにないので、おたびに連れて行ってもらうのがどれだけ嬉しかったことでしょうか。

ヒヨコ釣りでピヨピヨ鳴く黄色が可愛かったこと。私は祖母から「ヒヨコ釣りはしたらあかん」と言われていたので、連れて帰ることはなかったのですが、みんなの家では大きくなって「コケコッコー」と鳴いたあと、どうなったかを聞いたことがありませんでした。その結末はどうだったのでしょうか。

今宮さんのお祭りには必ず、祖母が若狭から取り寄せた鯖《さば》で鯖寿司を作って、親戚などに配っていました。こうして祭り事を大事にしてきたことや初詣、七五三と、ことあるごとにお参りしていたからか、今宮さんのことを思うだけで幸せと感じる子ども時代を過ごしたからか、現在に至るまで大好きな神社なのです。

それにも増して、今宮さんに惚れてしまうことが起こりました。それは二〇一四年四月五日のこと。今の仕事、『京都癒しの旅』の旅行業登録が京都府から認可の書類が届いた日です。嬉しくてありがたくて封書を開けたその足で今宮さんに向かいました。

そう、神様に報告し、ご祈祷していただくためにです。

「御祈祷をお願いします」

「ご自身のことですか？　お仕事のことですか？」と女性の神職様から聞かれました。

私は旅行業登録が叶ったこと、京都癒しの旅という屋号で、女性限定の少人数の旅案内をしていることを簡単にお伝えし、「氏神様である今宮さんに報告に来ました。ぜひ、ご祈祷をお願いします」と。

そのことをお伝えしただけなのに、ご祈祷が始まると祝詞をあげてくださり、あの独特の節回しで、

「京都癒しの旅は女性の心を癒し、京都の良いところを案内し、生きる勇気を与える旅です」

このようにおっしゃっている声を聞いた瞬間に、感動のあまり涙が流れ神殿の扉も見えなくなりました。どうしてわかってくださるのでしょうか。

女性の神職様にご祈祷していただくだけで良いご縁をいただけたようで嬉しいのに、私

が旅でしたかった想いをそのまま代弁してくださったのです。

思いがけないことから、さらにさらに今宮さんが好きになった瞬間でした。

それからというもの、ことあるごとに今宮さんにお参りし、神事には参加せずにいられないほどの気持ちの高ぶりを持つことになりました。

もちろん、旅案内でも良くお参りさせていただくのですが、みなさんが口を揃えておっしゃること、「なんと気の良い神社なんでしょうか」と。

数年後、女性の生き方を向上させるセミナーをされている会社の旅のご案内をさせていただくことになり、正式参拝をお願いしたのですが、その予約の電話を取ってくださったのがご祈祷をしてくださった、あの神職様でした。

後でわかったことですが、山田さんというお名前でした。山田さんの存在が今宮さんとのご縁をさらに深めてくださりました。この旅で、もうひとり初々しくて一生懸命な女性の神職様との出逢いもありました。

今宮さんの神様と相思相愛になれるんじゃないかと舞い上がっていたのはまぎれもない事実です。

そう、初詣は子どもの頃から今宮さんです。源光庵《げんこうあん》で除夜の鐘を撞《つ》いたその足で今宮さんに向かい、舞殿《まいどの》に掛かる大好きなあぶり餅のお店の提灯を眺めながら年が明けるのを待つ、この瞬間の幸福感と言ったら。

「新年、おめでとうございます」の挨拶を今宮さんにお伝えし、お参りの後は、境内ではお神酒と甘酒が振る舞われます。

寒い中、神職様がついでくださるのですが、絶対に山田さんからいただくと心に思い順番を

今宮神社

待ちます。

〝下戸〟という名前の通りお酒に弱いので甘酒を。今年も山田さんからいただけたという安堵感が、縁起の良さを物語るように幸せな年が明けるのでした。

地元の神社を大切に思い、心から良いと思うものを大切に縁起を担ぐ、そんな暮らしが好きでこれからもずっとそんな生き方をしていきたいと元旦に心に誓ったのです。

今宮神社＝京都市北区紫野今宮町21
年明けすぐの今宮神社は地元の初詣客で賑わう。桂昌院様ゆかりの神社で近年では玉の輿のご利益を求めて女性のお参りも多く見られる。あぶり餅の店は夜中には開いていないので注意。
・京都駅から市バス205・206「船岡山」下車 徒歩7分
・阪急電車「烏丸駅」市バス「四条烏丸」から市バス46「今宮神社前」すぐ

貴船神社《きふねじんじゃ》の若菜神事《わかなしんじ》 ～七草粥《ななくさがゆ》のもうひとつの意味～

「ぎぃーー」と本殿の御扉《みとびら》が開く音を初めて聞いたのは五年前のことでした。今年もまた一月七日七草粥の日、『若菜神事』、『五節供』（貴船神社ではこの字を使われています）のひとつ、『人日の節供』に貴船神社の殿内の参列が叶い、私は神様の前に座っています。

一月七日、京都の街中よりさらに冷え込む貴船は凍るような冷たさですが、コートを脱ぎ、神職様と場所を同じくお参りさせていただけるありがたさに寒いという言葉すら思いつかず、神妙にこの場に身を置かせていただきます。

この場に入るには、先着三十名の枠に間に合わなければなりません。信じることの大切さを体感できるのもこういう時なのかもしれません。

ぎりぎりセーフということもありましたが、今まで入れなかったことがないのです。

寒い中、並ぶのは厳しいですが、ここ数年は整理券が出されるようになり、それを手にしてからは境内を自由に動けますので以前のことを思うとずいぶん楽になりました。

少し大げさに書きましたが、実際に厳寒の中、来られる方は限られているようで、神事の一時間半ぐらい前に着けば参列が叶っています。

話を戻します。殿内に入る前に、『手水《てみず》の儀』が執り行われます。ご神水に浸された七草の水で手を清めて殿内に入ります。七草をこんな形で見ることなど滅多になくそれだけでも大切に扱うということに全神経が注がれます。

神聖でもちろん私語など一切ありません。

一時間ほど続く神事の間、背筋はピンと伸び、一瞬たりとも気を散らさないようにと真剣です。他の場面でこれほど自然に真面目に居られることは少ないのですが、これはこの新しい白木の本殿と五節供発祥の地という歴史が導いてくれるのでしょうか。

神事の式次第が配られ、巫女さんが式を進行されます。一点の曇りもなく黒光りした浅《あさ》沓《ぐつ》を履いた宮司様をはじめ神職の方が入場されます。あの桐でできた漆塗りのピカピカに輝いた先のポコんとした履物にもかかわらず音を立てずに歩かれることに感動すら覚え、脱ぎ方、揃え方、ひとつひとつの所作に目が釘付けです。

一同が一段高いところに着席されるとさらに空気がピンと張ります。

「ぎぃーー」と本殿の御扉が開かれご神饌《しんせん》（お供え物）とともに七草粥も御内陣に供えられます。

「中はどうなっているのでしょうか」との邪心が見え隠れしながらも心を元に戻します。

お神楽《かぐら》も生演奏のもと、舞われます。龍笛《りゅうてき》の音と舞、私たち参列者まで一体となりなんと表現したら良いのか、清らかで美しく、自身の心が澄む感覚です。本書をお読みくださっている方にも是非ともこの場に身を置いていただきたいものです。

式次第が進み、御内陣からご神饌、七草粥が降ろされ、また「ぎぃーー」と御扉が閉められます。

神事が滞りなく終わり、参列者も神職様と一緒に直会《なおらい》にて七草粥をいただきます。その前に宮司様から参列のお礼と若菜神事の説明があります。

七草粥はお正月にごちそうを食べ過ぎて胃に負担が掛かっているから、いただくものだと思っていたのですが、もうひとつの考え方、貴船神社での考えをお聞きして、こちらに参列できたことがさらに嬉しく、今年も元気にやっていけると勇気をいただきました。

もうひとつの考え、それは「厳しい冬に新芽を出す若菜の気をいただく」ということでした。貴船も「氣《き》生根《ふね》」といわれるように氣をいただく場所で、若菜の気をいただけるのは鬼に金棒だと思えてきました。

貴船神社は五節供を祝う発祥になった地と貴船物語の中で伝えられていますが、先人たちの想いは本当に尊いです。

貴船神社

脈々と受け継がれたものを今も感じること、その時代その時代を大切にされた人たち。途切れそうになった時にも踏ん張ってきた人たち。一旦消えたものを復活させたこの方たちがいてくださったからこそそのものだということを忘れずにいたいものです。

年初めの節供、一月七日人日の節供、貴船神社の若菜神事に参列が叶い、良い気をいただいた喜びを胸に丁寧な暮らしをしていきたいと思うのです。

貴船神社＝京都市左京区鞍馬貴船町180

厳寒の貴船神社は凛と冷えた空気で心が引き締まる。貴船川に生けられている松飾りからも地元の方がどれだけこの土地に感謝して仕事をしているかがわかる。

・京都駅から地下鉄烏丸線「国際会館駅」乗り換え、「国際会館駅前」から京都バス52「貴船口」乗り換え、「貴船口駅前」から京都バス33「貴船」下車 徒歩5分

・叡山電車「出町柳駅」から「貴船口駅」下車 徒歩30分

★若菜神事　1月7日　午前11時齋行

壬生寺《みぶでら》の節分《せつぶん》　～春への期待に繋がる炮烙《ほうらく》～

「寒いけど、やっぱりお参りしてこよう」と思う節分の夜。

京都の底冷えといいますが、本当に足元からじんじん冷えるのです。それは気温や湿度以上に地面から伝わる冷たさなのです。

そういえば、北海道からきた学生さんが「京都の寒さは耐えられません」とつぶやいていたのが忘れられません。

その厳寒の中、私が出かけるのは壬生寺。上京に住んでいた時も中京で暮らす今も変わらず向かうのは壬生寺なのです。四条大宮から四条通を西へ向かうとどんどん人が増えていきます。

四条通と坊城通《ぼうじょうどおり》の交差点南西角に元祇園梛神社《もとぎおんなぎじんじゃ》があります。素戔嗚尊《すさのおのみこと》が御祭神で八坂神社に行かれるまでにこちらに立ち寄られたということで、「元祇園」という名前が付いています。

境内には梛《なぎ》神社と隼《はやぶさ》神社のふたつがあり、節分にはお焚き上げが行われています。「厄除けおかぐら招福」という看板が鳥居に掛かっており、素通りする理由も見つからなく、北門から引き込まれるように境内に。たくさんの人で賑わっています。

それぞれの社の前で柏手《かしわで》を打ちます。

身も心も清めていただき、入った時とは違う東門から坊城通へ出ると出店が並んでいて、さらに多くの人でまるでラッシュアワーの電車のようです。普通にたこ焼きやあてもん（あてもの）などの店の間に、地元のお漬物や恵方巻き、いわしの焼いたたん（焼いたもの）などの店が並んでいます。

壬生界隈は新撰組ゆかりの地でもあるので、幕末に屯所として使われた八木邸前を通って壬生寺へと向かいます。壬生寺へ行くまでに誘惑の多いこと。

壬生寺が近づいてくると、「炮烙《ほうらく》」を置かれている店が増えてきます。私は毎年、プライベートの時もお客様をご案内している時も、壬生寺の境内で炮烙を求めます。

この素焼きの炮烙という皿の外側には大念佛厄除と書かれていて、内側に自分と家族の名前と数え年を書きます。字が汚いからととまどっている場合ではありません。押し合いへし合いの中、皿を左手で抱えて右手に渡された筆を持ち書き込みます。京都人は私も含めてどんなに混んでいても、節分という文字からもおわかりのように、まさに節目には昔からの慣習をせずにはいられないのだとつくづく感じます。

書き終えた炮烙は奉納料と一緒に本堂南側の奉納場所へ納めます。

そして、壬生寺でお参りを。また、一から並び直してお線香をあげてようやくご本尊の延命地蔵菩薩様に手を合わせます。

「昨年一年無事に過ごすことができました。どうぞ今年もお護りください」と。

この時ばかりは急に旧暦でご挨拶していますが、それも毎年のことで自然にこの言葉が出てきます。

お参りを終えて、「さぁ帰ろう」とならないのが壬生寺なのです。本堂から振り向き、左手奥が気になってこのまま帰るわけにはいきません。『壬生狂言《みぶきょうげん》』が行われているからです。壬生狂言の始まりは千三百年に円覚上人《えんがくしょうにん》がおこなった大念佛会からといわれています。たくさんの人に説法を伝えるために演者が鉦《しょう》、太鼓、笛に合わせてパントマイムで演じて仏の教えを説いたといわれています。

節分会の演目は『節分《せつぶん》』。これを見るために並ぶのですが、厳寒の京都の冬、足先の感覚がなくなります。これは並んでいる時だけではなく、壬生会館二階に設けられた狂言堂の向かいの観覧席も屋外なのでなおさら。

演じる側も開けっ放しですので屋外と同じ。それを反対側の観覧席から眺めるのですから、演者にとっても観客にとっても凍えるという表現がぴったりです。それでも夜空とともに見ておきたい縁起物であります。

毎年同じ演目を寒空のもと見るのですが、先ほど説明したように無言劇ですので、細かいニュアンスまでつかみ切れているかというと甚だ疑問です。それでも凍るような冷たさの中、演目『節分』を見終わった時には、不思議と今年も元気でお参りできて良かったという気持ちになるものです。

無事に節分参りもでき、壬生寺をあとにするのですが、ここか

厄除けの炮烙《ほうらく》

ら春に繋がるのが壬生寺です。奉納した炮烙、実は春・秋の壬生狂言の『炮烙割り』で実際に劇中に登場します。高く高ーく積んでいかれるさまをハラハラしながら見ていて、もうこれ以上は積めないと思ったあたりで、一斉に炮烙が割られます。

狂言堂は二階ですので、地面に落下すると同時に焙烙が割れ、砂煙が上がります。この瞬間が見たくて春と秋の壬生狂言にも足を運ぶのです。これでさらに厄が祓われたと実感する、そんな瞬間です。

節分会も春・秋の壬生狂言もひとつずつでも、もちろん、大きな意味がありますが、それがストーリーになって繋がることでさらに壬生寺や京都の行事に想いが募り、こういうことを大事にされてきた先人たちに心の中で手を合わせるのです。

壬生寺＝京都市中京区坊城仏光寺北入る
厄除けの炮烙の奉納場所近くにある千体仏塔も見もの。
明治時代の区画整理の際に集められたもので平成元年に建立。パゴダに似ており必見の価値あり。
・京都駅から市バス26・28・京都バス73「壬生寺道」下車 徒歩5分
・阪急電車「大宮駅」嵐電「四条大宮駅」下車 徒歩10分
★節分会厄除大法会　2月2日～4日
★壬生狂言「節分」公開　2月2・3日　午後1時から8時までの毎時0分ごと　無料

貴船神社《きふねじんじゃ》の桃花神事《とうかしんじ》　～桃と辛夷を活けて～

「今年ももう、おひなさんか」。一月は行く、二月は逃げる、三月は去るというけれど、本当に右を向いて左を向いていたら、あっという間に三月です。それにしても、京都の三月初めは一年で一番寒いのではないかと思う厳しさです。

さて、この寒い中、三月三日に行われる貴船神社の桃花神事に、ここ数年、ありがたいことにお客様からも行ってみたいというお声をいただきご一緒させていただいています。

そういえば、旅の仕事のテーマを詳しく書いていませんでした。私、下戸眞由美《おりとまゆみ》は『京都癒しの旅』という屋号で、女性の心に寄り添うことをコンセプトに京都で少人数の旅案内をしております。

長い歴史案内はなしで、その時の心で感じていただく京都の旅。今年も昨年もマンツーマンの旅でお客様と桃花神事へ出かけました。

ありがたいことに、貴船神社の殿内参列できる先着三十名にも間に合い、改めて拝殿からご挨拶をします。

「今年も桃花神事にお参りすることが叶いました。ありがとうございます。貴船神社様のご開運をお祈りしております」

とお伝えし、神事が始まる時間まで、境内をゆっくり回ります。

雨乞いの黒い馬と晴れを願う白い馬の銅像を眺めながら、昔の人は本物の馬を連れて天気の祈願に訪れていたのだと想像するといかに自然に感謝し、雨を願い、晴れを願い暮らしていたかが伺えます。これが絵馬の発祥になったのです。

余談ですが、「白馬」と書いて「あおうま」と読むことを初めて知ったのも貴船神社です。実際に足を運び、宮司様をはじめ、関係者の方のお話を聞くと、また次もお聞きしたいと思い、いてもたってもいられなくなります。

十一時前に参列を許可された三十人が集まります。巫女さんが掛けてくださるご神水で手を清め、頂いた和紙で手を拭き緊張した面持ちで殿内に入ります。

宮司様をはじめ、神職の方、巫女さんが入場されます。黒光りした浅沓《あさぐつ》が美しく揃う姿を写真に納めたい衝動にかられるも、殿内は撮影も録音も携帯電話の電源もオフという約束があるので我慢。目で見て肌で感じたことを記憶に残す場所です。

いやでも心の襞《ひだ》に刻まれる時間なのでジタバタせずにこの場に身を置くことにします。

ピーンと張り詰めてはいるのですが、一月の若菜神事の時とはかすかに空気感が違うのです。それは三月三日、桃の節供だからでしょうか。なにかしら冷えた空気の中にも暖かな柔らかい空気が流れているように感じます。

神事が始まり、本殿の御内陣に特殊神饌《しんせん》が供えられます。また御扉の開く「ぎぃーー」という音に浸りながら、厳かな所作で入って行かれる神職様へ参列者の目が集中します。

無事にお供えが終わり、粛々と神事が進みます。

ここに身を置けることがありがたく、全神経を集中している自分に驚きます。他の参列者の方も同じであることを祈りながら。

目の前の巫女さんが神楽舞で手に持たれているのは桃と辛夷《こぶし》の花です。古くは田植えを始める前に田の神様をお迎えするために穢れを祓う田打ち神事が行われ、辛夷の花が咲くと田打ち作業を始める季節になったというサインだったそうです。

「花には季節の神様が宿ると言われています。桃の花は悪霊を祓う霊力があると信じられ、田植え前のこの時期なので、辛夷の花と桃の花を使われるのです」。

このような説明を神事の後、宮司様から直接お聞きできるのも殿内参列者の特権です。『貴船物語』に書き示されたものと説明いただき、古典に明るくない私でも、読んでみたいという思いにかられます。

桃の節供にはお雛様を飾り女の子の成長と健康を祈りますが、古代中国では三月はじめの巳の日に川で身を祓い、清めたといわれていて、日本の流し雛はその名残だそうです。

一月の若菜神事では七草粥が供えられましたが、桃花神事では草餅を。神事の後の直会で神職様と一緒に御内陣から降ろされた草餅をいただきます。

桃花神事の特殊神饌に草餅が加えられているのは、『貴船物語』の中に「この日は桃の花と草餅で祝った」とあり、さらに「桃の花は鬼の目に似ていることから、鬼の眼を飲むということで酒に桃の花を入れて飲む。草餅は鬼の肉の代わりとして、これを食う」などと記されているからだそうです。

この日、この貴船神社の直会の儀で草餅をいただくことは、ご神気を体の中に取り込むことになるのだと重く深くありがたく受け止めました。ご一緒したお客様のお顔からも共感してくださっているのが伝わる幸せなひなまつりになりました。

この寒さもお彼岸まで、あと少しで春が来ると思える貴船の一日、皆様がお住まいのところではひなまつりの時はどのように過ごされますか。

貴船神社＝京都市左京区鞍馬貴船町180
3月3日の貴船、景色は春を感じるがまだ冷たい季節。本宮前の御神水はこんこんと湧き、無料で汲むことができるのでぜひ。
★桃花神事　3月3日　午前11時　斎行

早春の城南宮《じょうなんぐう》　〜ポストカードにしたいしだれ梅と苔と散り椿〜

「城南宮さん、お参りしてきた?」家の新築や引っ越しの時のお決まりのセリフです。このような会話が飛び交うように京都では、方除《ほうよ》けの神様といえば、城南宮なのです。

私がどうしても城南宮に訪れたいのは早春の頃。何が目的かと言うと、しだれ梅が見たいからなのです。しだれ桜の綺麗な場所は京都にもたくさんあるのですが、しだれ梅といえば、ここ城南宮しか思い浮かばないのです。しだれ梅がこんなに美しいと知ったのは城南宮の神苑が初めてでした。

この城南宮への道、私はいつも地下鉄の

しだれ梅

「竹田駅」から南西方向へ歩きます。歩いてばかりいるようですが、歩くと新しい発見と、その時にしか見られない景色に巡り逢えるので歩くことをやめられません。

お客様とご一緒した時のこと。なんと言っても静かで、途中まではほとんど人に出逢わないのでビックリされるのです。線路沿いに少し下がってから細い道を西に進むと右に安楽寿院が見えてきます。「少し、左の方へ行ってみましょう」と20メールほど進むと「わぁー、普通に歩いていたら気付かないです」とお客様。

「近衛天皇陵」です。立派な御陵です。他のそれとは一線を画していて、多宝塔なのです。天皇陵で多宝塔なのはこちらだけ。静かに手を合わせます。

今は御朱印ガールという言葉があるように、御朱印を集めている方が増えました。お参りした証になり、思い出にもなりますね。実は「御陵印」もあるのです。

それぞれの御陵にあるわけではなく、全国で数カ所の御陵にエリアごとにまとめて御陵印が置かれているそうです。数年前に表具屋さんで教えていただいたのですが、秘かに人気があるとのこと。特に京都は御陵が多いので、ゆっくりお参りする旅に興味を持たれる方がいらっしゃるかも。ご一緒してくださる方がおられると良いのですが。

城南宮のしだれ梅が目的で歩いているのですが、次々と興味深いものが目に飛び込んでくるので前に進めません。安楽寿院《あんらくじゅいん》の屋根に猫が佇んでいます。まるで私達に向かってポーズを取ってくれているようで、おひとりお二人と歩みを止めて、猫に向かって「こっち向いて、可愛いね」と声を掛けながら、スマホを向けてカシャ。

女性のグループだと、全員が写真を撮り終わるまで、猫も大変ですが、ここの猫は時々、顔の向きを変えるぐらいでドンと構えています。「ありがとうね」とそれぞれが猫にお礼を言い、次へ向かいます。

少し進むと右側に安楽寺院の三如来石仏《さんにょらいせきぶつ》があります。「表面がガサガサしていますね」とお客様。平安時代の作といわれている石仏は表面が擦れたように傷ついています。昔はこの石仏を削って水に混ぜて練り、子どもの顔に塗るとくさが治るという信仰があったと横の説明に書かれています。「『くさ』って何でした？」「私達が子どもの頃、『ハタケ』って言ったものかもしれませんね」などと会話をしながら、次へと。

北向山不動院《きたむきざんふどういん》にもお参りして、さらに進むと城南宮です。城南宮に着いてお参りをして、私たちが目指すのは神苑。源氏物語花の庭と名付けらえて「春の山」「平安の庭」「室町の庭」「桃山の庭」「城南離宮の庭」に分かれてそれぞれ趣があり、季節の花を楽しめます。こちらの庭園は足立美術館庭園や二条城清流園を作庭した中根金作氏の作です。

神苑の入口からすぐが「春の山」、個性豊かな椿が次々に。三十種類以上の椿があるのです。私は白の一重でキュッと筒咲きの「白玉」や「初嵐」が好き。椿を楽しんでいると、この先で視界が一気に広がります。

目の前に白とピンクのしだれ梅、下は緑でも黄緑掛かった生き生きとした苔、小川も流れています。息を飲む美しさで、ずっと立ち止まり眺めている人やスマホを向けて連写している人、それぞれの楽しみ方をする人でかたまりができています。

「しだれ梅自体を初めて見ましたが、今日、来て良かったです」とみなさん口を揃えておっしゃいます。「こんなに美しい景色になっていることが、企画段階からわかっていたのですか？」と質問されるのですが、「花の咲く時期は毎年変わるので、それはお客様の日頃の行いということですね」とお答えしています。

しだれ梅に圧倒されながら進むと、苔の上に濃い赤の「城南椿」が誂えたように散っているのです。「ひょっとして椿を並べ直しているの？」と思うほど花の顔が私達の方を向いていているのです。考えてみると、なだらかな小山になっているので、低い方に顔が向くのが自然なのですね。素晴らしい風景で、来年もきっとここに来ようと生きる力を貰います。大げさに聞こえるかもしれませんが、それぐらい、美しいのです。

しだれ梅が散った直後の苔の上に広がる花びらも美しく、椿は次々に花開きますので、どのタイミングであっても、その時一番の景色に出逢えたことになります。

城南宮のしだれ梅が終わると春のお彼岸、本格的な春の到来です。

城南宮＝京都市伏見区中島鳥羽離宮町7
源氏物語花の庭は四季折々の花が楽しめる。特にしだれ梅が咲く早春に一度は訪れていただきたい場所。しだれ梅と椿まつりの期間中の梅の枝神楽も楽しみ。時間指定あり注意。
・地下鉄烏丸線・近鉄電車「竹田駅」下車 徒歩15分
・京都駅八条口から らくなんエクスプレス土休日は「城南宮前」下車 徒歩1分 平日は「油小路城南宮」下車 徒歩3分

第二章

桜咲く頃から夏越の祓

――京都の行事や見処に想うこと

京都御苑《きょうとぎょえん》で三つの春　～梅桃桜を一度に愛でる～

「この日を逃さずに行かなくっちゃ」と今年も自転車を走らせて向かう先は御所。まずは説明しておかないといけません。

京都では京都御苑全体のことを「御所」と言います。南北1・3キロ、東西700メートルの敷地内に京都御所があり、正式には全体を京都御苑、その中に京都御所、大宮御所、仙洞御所、京都迎賓館などがあります。

できるだけ普段着の自分で書きたいので、この中では京都で暮らす私達が使っている御所という言葉を使わせていただくことをお許しください。

そう、御所、ここがすごい場所だとわかったのは大人になってからでお恥ずかしいことです。物心ついた頃、日曜日になると幼馴染みと遊びに行ったのが御所の公園でした。

御所の中にブランコや滑り台があって、ハトもいて、車も通らないのでのんびりと思う存分遊べたのです。

中学生の頃は、この場所を恨めしく思ったこともある罰当たりな人間です。と言うのは、クラブ活動でいつも御所の砂利道を走らなくてはならなくて、どうして近くに御所、そして、この砂利道があるのだろうかなどと思っていたからです。

中学校の卒業写真のグループ写真も御所（京都御苑）で撮らせていただいたことが宝となっているのは言うまでもありません。

ちょうど春のお彼岸が過ぎた頃、自転車で烏丸丸太町《からすままるたまち》から東へ一つ目の入り口から御所に入り、砂利道にハンドルを取られそうになりながら、右手に拾翠亭《しゅうすいてい》、左手に閑院宮邸跡《かんいんのみやていあと》を見て通り過ぎ、さらに右手の宗像神社《むなかたじんじゃ》を越えた先にうっすらピンクの塊が見えてきます。

「あー、今年も綺麗に咲いてくれている。ありがとう」と期待が高まります。

第一に目指した先は「出水《でみず》のしだれ桜」でした。京都は桜の時期にはたくさんの観光の方で賑わいますし、有名どころの桜もたくさんありますが、私は御所の桜が一番好きです。

いろいろな種類があり約一ヶ月もの間、市民の目を楽しませてくれるので。それに何より混み合わないこと、老若男女がなんの違和感もなく穏やかな顔をして花を愛でている姿がたまらなく幸せな気持ちにしてくれるのです。

そうそう、人だけではありません。御所は犬の散歩もオーケーなのです。

出水のしだれ桜、京都で三本の指に入ると思います。京都は人が多いから疲れると思われる方にはぜひともご覧いただきたいものです。しかもソメイヨシノの開花前なのでどこへ行ってもさほど混み合いませんので。出水のしだれ桜、愛でて堪能するのですが、やはり写真に納めたいと毎年ながら思うのです。

西から撮っておられる方が多いのですが、南から東近くに寄ってのアングルが私にはお気に入り。出水のしだれ桜を見たあと、この時期には咲いていませんが、西向かい側にも心を留めておかねばなりません。

あと三週間もすれば、黄緑の御衣黄《ぎょいこう》や淡いピンクのグラデーションの八重桜が主役になるのですから。

出水の小川が流れているこのあたりは、いつも近くの保育園児の可愛らしい声が響いています。季節の花を見て、暑さ寒さも感じるこの場所で遊べるのは幸せなことですね。

園児達を見てさらに笑顔になり、もう少し北に自転車を進めると梅林《ばいりん》です。白梅、紅梅、そして、薄ピンク色のものも名残の花を散らさずに待っていてくれたのです。桜とはまた違い、いかにも和の感じがし心が落ち着き、ずっとここで梅を透かして空を眺めていたくなります。

三月も半ば過ぎ、肌寒くてじっとしているのはまだ堪えるし、もうひとつ、見たいものがあるので今度は自転車を押して先に進みます。先ほどの梅とは違い、青い空にはっきりしたコントラストで空に向かって咲いている花があります。

同じように白と紅とピンクですが、色合いがキリッとしています。こちらは桃林でこれらは花桃《はなもも》です。

御所で桜と桃と梅が同時に見られるこの数日、こんな贅沢はありません。桃林には木のベンチがいくつかあり、近所のお年寄りがお弁当を持ってこちらで桃のお花見をされている姿もほのぼのしていて良いものです。

桃を見たり、京都御所の壁に視線を移したり、その先に見える大文字山を眺めたりと、ゆっくり時間が流れます。

そして、忘れてはならないのは近衛邸跡の糸桜、この可憐さと言ったらありません。砂糖菓子にして作ってもらいたい、とっておきたいと思ったりもします。

近衛邸跡の糸桜

儚《はかな》いからこそこの瞬間を心に残したいと御所に足が向くのでしょうね。ゆらゆらと垂れ下がる糸桜、来年も再来年も私たちの目を楽しませてくださいね。

御所は四季折々の花々を楽しめる都会の中のオアシス。あ〜京都に御所があってホント良かった。

京都御苑＝京都市上京区京都御苑
京都市民には御所と呼ばれ親しまれている。
梅・桃・桜はもちろんのこと、四季折々の花を楽しめる国民公園。
老若男女はもちろん、犬の散歩もできるオアシス、ぜひ、ゆっくりと。
・京都駅から地下鉄烏丸線「丸太町駅」「今出川駅」下車すぐ

松《まつ》ケ《が》崎《さき》疏《そ》水《すい》の桜のトンネル　～先輩が教えてくれた桜～

「眞由美ちゃん、とっておきの桜の見られる場所、教えたげるわ」

と笑顔で先輩が声を掛けてくれました。信用金庫で働いていた二十代半ばの頃、仕事はハードでしたが、風通しの良い職場でした。

今なら「ちゃん」付けで男性が声を掛けることも許されないのでしょうが、当時はなんとも平和な時代でした。もちろん、そこには信頼関係があったからに違いありませんが。

京都は琵琶湖から水をいただいています。京都を舞台にした『マザーウォーター』という映画を観に行ったのも一昔前のこと。この映画で小泉今日子さん演ずるオーナーのカフェも懐かしく感じます。映画そのままの景色が今も京都の街にはあるのです。

古いものと新しいものが違和感なく混在する街。自分が年を重ねたのも忘れるぐらい昔のままの姿が見られるところがそこここにあります。

琵琶湖疏水《そすい》から運ばれる水をいただいていると書きましたが、この疏水は、明治維新で都が東京に移り京都が沈んでいた時に、第三代京都府知事の北垣国道氏が京都に活力を呼び戻すために、水力で工場を興し、舟で物資を運ばせようと造ったものでした。

今は道路や鉄道が整備されたため、舟で物資を運ぶことはありませんが、岡崎疏水では桜と若葉の季節には十石舟が、伏見の豪川では真冬を除いて十石舟、そして観光シーズンには三十石舟が運行され、私たち市民や観光で訪れる旅人たちを楽しませてくれます。

近年、滋賀県大津市から京都への疏水にも観光船が通り、それも人気です。

唐突ですが、ここで京都ワンポイントレッスン。

「疏水と川の見分け方はわかりますか?」

京都は盆地で北に行くほど標高があるので、鴨川(出町柳以南)・賀茂川(出町柳以北)、高野川などは北から南に流れます。しかし、疏水は琵琶湖から山科を抜けて、蹴上《けあげ》から南禅寺や岡崎を通ります。

と言うことは、北に向かう疏水の場合は南から北に水が流れます。川か疏水かどちらかなと思われた時には、水の流れをご覧になると答が出ます。もちろん、伏見では北から南に流れています。

琵琶湖から山科を抜けて、蹴上の浄水場の向かいにあるインクラインから南禅寺水路閣のあたりは観光スポットになっていて、海外のカップルの方の記念撮影をよく見かけます。桜の季節はひらひらと幅広の線路の上に散る桜を見上げる人であふれます。

岡崎疏水の十石舟に揺られて、すぐ手が届きそうな場所にたまる花筏《はないかだ》を見るのも乙なものです。

疏水はいくつかに分かれるのですが、南禅寺から北に向かい、銀閣寺あたりまでの哲学の道。ここを流れるのも疏水分水です。南から北へ川とは逆の向きに流れています。この疏水沿いにも桜が植えられていますが、木も寄る年波には勝てずに老木になり弱ります。

日本画家の橋本関雪《はしもとかんせつ》ゆかりの「関雪桜」と名付けられたソメイヨシノを後世に残すため

に、小枝を採取し、岡山県にてクローンで同じ遺伝子を持つ苗木を育て、京都に里帰りしてきました。

このように疏水事業は水のことだけではなく、疏水を守るべく桜の管理もしているのです。

こうして、歴代、関わっておられる方のおかげでおいしい水が飲めて、春には桜を楽しむことができるのです。


さて、先輩が教えてくれた桜、京都で一番の穴場かもしれません。

「松ヶ崎疏水」と呼ばれるところです。松ヶ崎の浄水場あたりから植物園近くまで弧を描くように流れる疏水沿いのソメイヨシノと、足元に清楚でありながら存在感のある雪柳のハーモニー。

まさに桜のトンネル。ここの桜は私を育ててくれた祖母が生きていた頃には毎年楽しみに出かけ、結婚後は義母とも良く出かけました。とっても大切な桜スポットです。

あなたのとっておきの桜のスポットが目に浮かびましたか。

そう、先輩からは「洛北高校を上がったとこ（北に行ったところ）から、浄水場のところへん（ところあたり）までが綺麗やで、きっと京都で一番」と教えていただきました。

「先輩、こんな会話をしたこと、今でも覚えてはりますか？」

松ヶ崎疏水＝京都市左京区下鴨梅ノ木町から松ヶ崎東桜木町あたり
閑静な住宅街を流れる松ヶ崎疏水、疏水沿いに植えられた桜はもちろん、雪柳のコントラストも美しい。観光地ではないので静かに散歩をお楽しみください。夏には蛍も。
・京都駅から市バス４「洛北高校正門前」徒歩３分　２０５甲「洛北高校前」下車 徒歩７分

雨宝院《うほういん》の春　～かつて秘密の花園だった～

こんなところに秘密の花園があったなんて。それを知ったのは今から二十五年前の秋のことでした。

幼い頃から祖母との二人暮らし、厳しくも温かく、それなりに女二人で逞しく生きてきました。二十九歳の春、結婚。祖母との暮らしから離れ、新しい生活を始め一年ほど経った時、祖母が倒れ、言葉を交わすこともできないまま三週間で祖母との別れになりました。せめて、「今までありがとう」の一言だけでも伝えられていたらと今でも後悔しています。祖母の死に際し、人は最期まで聴覚は残る、と知ったのは最近のことで、その頃の私は何も知らなかったのです。後悔先に立たずとはこういうことですね。

祖母が倒れる前あたりから、私は心身のバランスを崩し、祖母に相当心配を掛けていました。うつ病だったのです。幼い頃からいろいろありましたが、こんなに生きているのが辛いと思ったことはありませんでした。顔を洗うなど当たり前のことすら気力がなくてできないのですから。もう、消えてしまいたいと何度思ったかわかりません。その状況の中、祖母が他界したので、もう人生終わりかというぐらいの精神状態でしたが、ありがたいことに当時勤務していた歯科医院の院長が病院にも付き添ってくださり、一年ほど時間を掛けてゆっくりゆっくり日常を取り戻すことができました。

心の病気があることを実感として知り、回復した時に、心のことを知りたいと思い、大阪まで週に一度「自分を知る」という講座に一年、「フェミニストカウンセラー養成講座」に二年通いました。

その中で一緒に学んだ人生の大先輩が教えてくださった秘密の花園が、京都西陣にある雨宝院《うほういん》という真言宗のお寺でした。地元では西陣《にしじん》聖天《しょうてん》さんという名で親しまれています。

「特に春がいいんですよ」とお聞きして、翌春に出向いた時には驚きを隠せませんでした。今までに見たことのない、それはそれは素晴らしい春がぎゅっと詰まった花園という表現がぴったりの境内でした。

　三月下旬からハクモクレンが咲き、足元にはうす緑のクリスマスローズ、四月に入ると聖天様の前にしだれ桜、ハクモクレンが散る頃に咲き始める御衣黄《ぎょいこう》の桜と続きます。この御衣黄を人生の先輩は私に見せたかったそうです。

　確かにそれまでピンク色以外の桜を見たことがありませんでしたので。近付くまでどこに花が付いているのがわからないぐらいの小さな緑の桜。ソメイヨシノは花が咲いてから葉が出るのですが、御衣黄は葉が出てから花が咲くので、緑の中に緑の花が重なります。

　知って見るならわかるのですが、知らない人

雨宝院

には花が咲いていることすら気付かずに花の見頃が過ぎていきます。この可憐な花を見た時、桜のことを何も知らなかったと思いました。ソメイヨシノと八重桜としだれ桜の一部を見て桜だと思っていたもので。

先輩から教えていただいた御衣黄を通して、まだ見ぬものがたくさんあること、知った気にならないことを学びました。

時を同じくして、カウンセラー養成講座でも同じことを教わりました。一対一で話を聞いて全てを知った気になることが一番危険で傲慢であるということ。

人は自分のことを知るのが一番難しく、それを自分の言葉で話したとしてそれは一部分であること、そして、聴いたカウンセラーもすべてを理解することもできず、さらにわかるのは氷山の一角になるという自覚を持てということでした。何もかもが繋がる春でした。

雨宝院では歓喜桜や観音桜と言われる御室仁和寺《おむろにんなじ》に咲く遅咲きの八重桜と同じ種類の桜や、花びらが幾重にも重なり、まるで精密に作ら

乙女椿

山吹

れたかのような乙女椿、黄色や白の山吹、牡丹《ぼたん》や石楠花《しゃくなげ》までもが所狭しと咲き誇ります。

この花もお世話をされているお寺様がいらっしゃるからこそ、私たちは心豊かな時間を過ごすことができます。手を合わせずにはいられません。

秘密の花園、地元で親しまれていた雨宝院、西陣聖天さんはいつぞやから団体ツアーでも人が来られるようになりました。

旅行業を営んでいる私が言うのもおかしな話ですが、かつて秘密の花園だったという表現になってしまうのが、寂しい限りです。来られた時には騒がしくせずにお世話してくださる方や聖天様に手を合わせて感謝の気持ちで花を愛でていただけたら幸いです。

本書を執筆中に、雨宝院を教えてくださったあの人生の大先輩、この方の人生が終わったとの知らせが届きました。どうぞ安らかに。

雨宝院＝京都市上京区智恵光院通上立売通上ル聖天町9-3
「西陣聖天さん」と親しまれる寺院で小さな境内に次々と咲く草花、散った桜を掃く姿も絵になる場所。
近くには三上家路地もあり、京都の風情を感じるエリア。
・京都駅から市バス101「今出川大宮」下車 徒歩7分

東堀川《ひがしほりがわ》の八重桜《やえざくら》・ピンク・白・緑
～桜が終わったとは言わせない～

「京都の桜ももう終わりですね」という声が聞こえる頃、地元では静かに桜を楽しむ時期に突入です。

「ソメイヨシノは終わったけど、東堀川の八重桜だけは見に行かなあかんわ」

と自転車を走らせる四月下旬。このような会話ができる友がいることも私にとっては掛け替えのないもの。

幼い頃、堀川には色とりどりの水が流れていました。子どもの目でも綺麗とは言い難いかなり濃い濁った色の水でした。染色の過程で出る水。

京都ならではなのでしょうが、なんの疑問も持たずに堀川にはこんな色の水が流れているのと当たり前のように思っていたものです。昭和三十年代には水源も断たれ、枯れた川になっていました。

時を経て、京都市が取り組んできたのが堀川水辺環境整備事業。平成九年から二十一年まで行われ、堀川に清流が戻ってきたのです。それも以前よりもゆったりと流れる小川と遊歩道という市民の憩いの場になって。

今では夏には京の七夕も行われ、京都の夏の風物詩として定着しているのも嬉しいことです。


さて、東堀川の八重桜に話を戻しましょう。自転車を漕いでやってきたのは堀川二条、正面に二条城がどんと構えています。

二条城を前に堀川の西側にはソメイヨシノがつい一週間程前までは咲き誇っていたのですが、それが花筏になって数日後には人々の目は東堀川に寄せられるのです。堀川を挟んで堀川通と東堀川通があり、東堀川通の西側に植えられたのが八重桜の数々。

白、ピンク、緑と交互に植えられている若い桜の木。緑系の御衣黄、鬱金桜《うこんざくら》、白から薄いピンクの入り混じった可憐な鞠のような松月《しょうげつ》、ピンクの関山桜《かんざんざくら》などにうっとりしながら桜街道と勝手に名付けて自転車で走ります。

どんどん北に向かって自転車を走らせます。丸太町を上《あ》がった（北に行くことを京都では上がると言います。住所表記では『上る《あが》』や『上ル』のような送り仮名です）ところから、自転車を停めて、緑系の御衣黄に目をやります。

咲き始めは薄い緑に白い線が入ったような清らかな小花です。周りの葉と同化して花が咲いているかどうかがわからないくらいです。それから、徐々に真ん中が紅を差したように赤くなっていきます。

妖艶というほどではありませんが、少し色っぽい感じ。時とともに、花びらが外側にカールしていくように反っていきます。最後には薄い緑が少し黄味掛かってきます。

この花の変化を見定めたいと思うほど、御衣黄に取り憑かれます。

しかし、東堀川の八重桜の魅力は御衣黄だけではありません。白っぽい松月、ピンクの関山桜、どちらもフリルのような八重桜でそれが幾つか鞠のように塊で咲くのです。

その可愛いらしさと言ったら、優しく撫でてあげたくなります。

もちろん、触ったりはしないですけれど。

自転車を走らせると言いましたが、時間がある時には東堀川通や堀川通から階段で遊歩道に降りられるので、小川のせせらぎを聞きながら散歩したいものです。

ふと見上げたら桜がまるで何かの果実かのようにたわわに咲き乱れていて、とても贅沢な時間です。ソメイヨシノのお花見で人の多さに疲れた人、お花見にいく時間が持てなかった人、なんとなく取り残された気になった人にとってこれほど温かく包んでくれる桜が他にあるでしょうか。

あなたの地元にもふと目をやると優しく微笑んでくれる桜並木があるのではありませんか。東堀川の桜は十年、二十年、五十年後が楽しみです。

五十年後はこの目で確かめることはできませんが、今、本書をお読みのあなたに愛でていただけたら幸いです。

東堀川の八重桜が綺麗な場所

京都市中京区東堀川通押小路から京都市上京区東堀川通中立売あたりまで。

・京都駅から市バス9・50「二条城前」「堀川丸太町」「堀川下立売」「堀川下長者町」「堀川中立売」下車すぐ

壬生狂言《みぶきょうげん》 ～いよいよこの時が～

待ちに待った日、あれから三ヶ月。桜も散ったこの時をこの場所で迎えられることが何より嬉しいと思えるのです。そう、今日は『壬生狂言』の日なのです。凍える節分の夜、凍える手で書いた炮烙が、春の壬生狂言の演目『炮烙割り《ほうらくわ》』で割られる瞬間をこの目で見届けるためにやってきたのです。

その時の願いに向かって今も歩んでいる自分がいるのです。それは人それぞれ、自分のことや大切な方を思って、名前と数え歳、そして、家内安全、病気平癒、厄除祈願などと書かれたことでしょう。私は毎年、心願成就と書いています。

本堂北側の狂言堂で演じられる壬生狂言は節分のところでも触れたのですが、『壬生さんのカンデンデン』という愛称で親しまれている無言劇です。なんと七百年もの間、途絶えることなく連綿と続いているものです。

節分の時の演目は『節分』だけでしたが、春と秋の期間中は三十演目の中から日替わりで幾つかの演目が演じられるのです。そして、毎日、必ずはじめに『炮烙割り』が行われます。

この日は節分の時とは違い、南門から壬生寺に入るのですが、その前にちょっと寄り道を。壬生寺に来たら、苔玉屋《こけだまや》さんに寄らずにはいられないのです。

正式なお店の名前は「苔玉屋壬生源」です。苔玉が好き、小さなところに世界が広がるその景色。その緑を見ながら、苔玉で成長する木や花の成長を毎日楽しみに、霧を吹いたりしながら観察する至福の時間。今、これを読まれている方も、苔玉を育ててらっしゃったら、そうそうと思われるかも。

数年前のこと、ぶらっと立ち寄ったこの苔玉屋さんで小さな桜がついた苔玉を求めて帰りました。大切に育てていたつもりが葉が萎れて、元気がなくなりとうとう葉が落ちてしまいました。

もちろん、苔は健在なので、また、新しい葉が出てくるようにと祈るような気持ちで水をやり続けていたのですが、木の幹まで覇気を感じられなくなり、もうダメかもと。それでも放っておくのは忍びない、なんとか治してもらえるんじゃないかとすがるような気持ちで苔玉屋さんを訪ねました。

事情を説明して、泣きそうになっている私に店主が、幹の部分を切って、

「これはもう枯れているから、再生はできないので根元から切りますね。もう少し早く持ってきてくれたらなんとかできたかもしれないけど、かわいそうやけどこれは無理やわ」と。

「苔玉を育てる資格もないし、こんなことをしてしまって申し訳ないです」とお詫びしたところ、店主からは意外な返事がきたのです。

「何言うてんのや、私は苔玉屋やけど、数えきれへんほど枯してきたんやで。その命をいただいてようやくこうして仕事にできるようになったんや。枯しても知らん顔している人がほとんどの中、あなたはこうして、なんとかして欲しいと言ってきてくれた。そのこ

とが嬉しいわ。良かったら、この苔玉の部分だけ育てて、クリスマスの時にちょっとリボン掛けるとか、楽しんでみるか。苔を育てる自信がついた時にまた次のを買ってくれたらええしな」という温かいお言葉。

涙目で太ももに頭がくっつくぐらいに頭を下げて、木の部分が短くなった苔玉を連れて帰りました。それ以来、壬生寺にひとりでお参りする時には苔玉屋さんにお邪魔していま す。そろそろ、新しい苔玉を家に連れて帰りたいなと思う今日この頃です。

話を戻します。壬生寺の狂言堂は高い場所にあり、その向かいの建物の階段状になった観客席から見ます。初番の演目『炮烙割り』が始まると、今か今かと心が踊ります。

狂言堂の舞台に高くに積み上げられた炮烙が、「ガチャガチャッ」と音を立てて一瞬で雪崩のように崩れ落ちていく、この瞬間を目に焼き付けたいからです。炮烙が割れ落ち砂煙りとともに、厄が祓われた、願いが叶う一歩を踏み出せる、こんな気持ちになるから不思議です。

節分に炮烙を奉納された方は、かたずを飲んでこの瞬間を待ちわびておられることでしょう。

京都の季節の行事に参加するたびに思うのです。古くから脈々と伝わっているということ、そして、一つ一つの行事が独立しているように見えても、それぞれが繋がっていること。人が生きていく上で大切にしたいことがぎゅっと詰め込まれているのです。

壬生狂言もそのひとつです。手を合わせることを無言劇で伝えたのが始まり。人を想う心、祈り願う心、手を合わせている姿を想像するとみな柔和な顔をしていると思うのです。

あなたもそっと手を合わせてみられたら…。

壬生寺＝京都市中京区坊城仏光寺北入る
この界隈は新撰組ゆかりの地、見所多し。
★４月29日～５月５日の７日間
午後１時～５時30分　５月５日のみ夜の部もあり　午後６時から10時
★鑑賞料　大人１０００円　中学・高校生５００円
当日券で自由席のみ、予約、指定席はありません。

鳥羽水環境保全《とばみずかんきょうほぜん》センターの藤 〜あの藤よりも好き〜

八重桜も散りゆき、ゴールデンウィークで京都は多くの人で賑わっている頃、テレビ画面で大きく取り上げてられているのは平等院の藤。

「藤と言えば平等院ですよね。今年はどうですか？」

と京都好きの方からお問い合わせもいただきます。

もちろん、平等院の藤は美しいのですが、年により房のつき具合が変わり、ほとんど咲かなかった年もありました。

自然とはそういうもので、それもまた来年の楽しみということになるのですが、平等院さんはとても良心的でホームページに藤の花のつき具合も載せておられます。数年前には、「藤を見に来られる方へ、今年は花付が悪いのでご了承ください」

正直に伝えることがお客様を裏切らないことになり、この心配りによりさらに平等院さんを好きになり、翌年を楽しみにされる方が増えることと思ったものです。

私が毎年、プライベートでも楽しみにしているのは、鳥羽水環境保全センターの紫と白の藤です。藤の咲く時期だけ一般公開して市民の目を楽しませてくれるのです。日程が毎年変動するのは、見頃を予想して決まるからです。

少し不便な場所ですが、京都駅から臨時バスも出ているので、一見の価値ありです。なぜ、それだけ惹かれるのか、その理由は藤だけではないのです。

広い敷地の中の緑の部分にはトトロが出てきそうな林もあり、それぞれの木に名札がつけられていて、よく見るけれど名前を知らなかったものもあり、ワクワクします。

大きな木を見上げたり、足下の草花にも目をやりながら、小さな子どもからお年寄りまでもが穏やかな顔をして歩いている、そんな光景がここにあります。

私もその中のひとりですが、みんなさんの様子を見るだけで幸せな気持ちになれるのです。

公開会場の入り口から藤棚のあるところまで、広い敷地を無料のシャトルバスが出ていて、数分で白い藤棚のあるところへ到着。こちらの藤は少し遅咲きのようで、期間中の終わり頃に行くととても綺麗です。

その向かいあたりに少しピンクがかった小さな藤の木があり、さらに足を進めると水に関するスポットが幾つか設けられています。

そうです、こちらは水環境保全センターです。京都市民が飲んでいる水は軟水で美味しいのですが、こちらでは水当てクイズなんかもあります。松ヶ崎疏水の桜のトンネルのところでも書きましたが、琵琶湖からいただいている水を京都市民が美味しくいただけるのも浄水場や水環境保全センターのおかげです。

藤棚を見る機会に大人も子どももそんなことを再確認できる場所でもあるのです。

藤棚

もう少し進むと、足下には鮮やかなピンクの芝桜が敷き詰められ、目を上にやると藤棚には紫の房がぶら下がっています。真ん中の濃い紫や黄色、白くなっているところが草花の香りとともに目の前に飛び込んできます。

花弁に鼻をつけるぐらいの距離で藤を感じられるのはこの場所だけ。ミツバチもやってきています。周りの人も私も、みなさんが女優になった気分でカメラに向かって微笑んでいるのです。誰ひとり押し合うこともなく、

「どうぞ、お先に」。なんて気持ちの良い場所なのでしょうか。ゴールデンウィークの前半、有名どころでなくても心温まり楽しめる場所があるのです。

こちらの藤棚のお世話も大変だろうなあ。下水処理の仕事以外にも、一年がかりでお世話をしてくださるからこそ、こうして、無料で藤の美しさに触れることができるのです。

『京都癒しの旅』でシリーズ化している世界遺産の旅。そこでお世話になっている、日本画家の坂井昇先生も藤の絵をたくさん描かれています。旅の途中で教えていただいたの

ですが、藤原氏と関係のあるところに藤の花が植えられているということでした。京都の平等院、奈良の春日大社と興福寺《こうふくじ》の南円堂《なんえんどう》などもそうです。日本人の心でしょうか。ロマンがありますね。歴史好きな方には堪らないことでしょうし、歴史に明るくなくても自然と人々の繋がりを感じるとその時代に思いを馳せることができます。

私もそのひとりですが、京都で季節を感じる暮らしから教わることばかりです。歴史的に有名な場所や行事はもちろんですが、鳥羽水環境保全センターも百年後、二百年後も京都市民や旅人たちの目を楽しませてくれる場所であり続けて欲しいと願うばかりです。あなたのお住まいの場所でおすすめの藤はありますか、お世話されているのはどなたでしょうか。

鳥羽水環境保全センター＝京都市南区上鳥羽塔ノ森梅ノ木1
家庭や工場などから出た下水を集め、最終的に綺麗にして河川へ放流する施設。下水を処理すると固形物である汚泥が発生、これを二次利用している。
春の藤の開花時期に合わせて120メートルにおよぶ藤棚を一般公開している。
・京都駅八条口から期間中は直通バス運行

今宮神社・夏越《なごし》の祓《はらえ》 〜神職様のうしろを歩く〜

「今年も杉のお守りいただけますように」と祈りながら、今宮さんの楼門をくぐります。一年の半分が過ぎる日、大晦日と同じぐらい重要な日なのです。

そう言えば、物心ついた頃には夏になると隣近所が一斉に畳を上げて大掃除をする衛生掃除の日が設けられていました。昭和三十年代のことです。

伝染病などがはやらないようにしたものですが、夏の風物詩になっていました。

お隣のちゃこちゃんとこ（家）もお向かいのけんちゃんとこ（家）も、朝から割烹着に三角巾をして大掃除をしてはったなぁ。畳を上げて軒先に立て掛けてパンパン叩き、お日様に当てます。

その間に畳を上げた床にある昨年敷き詰めた新聞紙を取り除き、湿らせた新聞紙を小さくちぎってばら撒き、箒《ほうき》をかけます。埃や汚れを濡れ新聞が絡みとってくれるのです。

今宮神社

昔の人の知恵はすごいですね。その時には、掃除の時はいつもそのようにしていました。今でもたまには新聞紙濡らしてちぎって撒いて、ホウキ草や棕櫚《しゅろ》の箒で掃いてみたくなりますが、悲しいかな今の我が家に室内を掃ける箒がありません。

掃除が終わると家の中の空気が変わったこと、子ども心に感じたことを今も肌感覚で覚えています。

まえがきでも書いたように、京都では六月三十日は必ず水無月を食べます。それと同じように各神社では茅の輪をくぐる夏越の祓が行われます。この日にお参りするのはやはり今宮さん。

ここ数年は『京都癒しの旅』でお客様とご一緒していますが、心穏やかに皆様と心を合わせてお参りします。まずは手水舎《ちょうずや》で手と口を清め、拝殿にてこの日お参りできることに感謝の気持ちを伝えます。そして、「人形《ひとがた》」に名前と数え年を記し納めます。

午後三時からいよいよ神事が始まります。舞殿の東の斎庭に神職様が集まられ、私たち参拝者がその周りでご一緒します。

「夏越の祓の神事を始めます」

のご挨拶の後、神職様の後をついて、舞殿《まいどの》の前に設えられた茅《ち》の輪を参道から回って、「水無月のなごしの祓する人はちとせの命

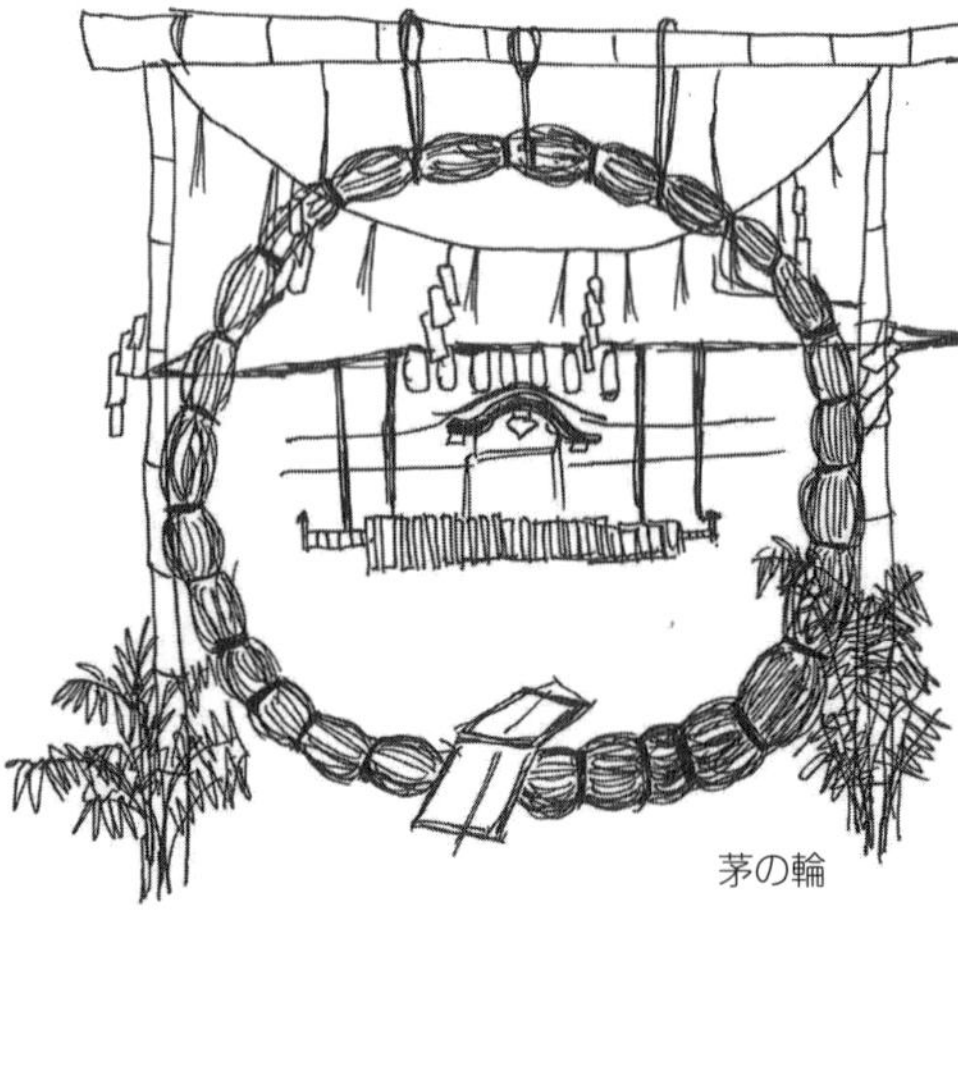

茅の輪

のぶといふなり」

と唱えながらくぐり、左回りで境内を一周します。次に右からも一周、左からも再度まわって、元の場所に戻ります。

初めて参加した時に境内をぐるっと大きくゆっくり回ることに驚いたものです。摂社や末社、鎮守の森を大切にされていることが伝わり、さらに今宮さんが好きになりました。

宮司様、神職様、各人が儀式を執り行い、私たちも一緒に大祝詞《おおのりと》を奏上します。暑いです。アリにも刺されます。長いです。それでもこの時間の尊さ、ありがたさと言ったらありません。そして、斎庭に設えられた「やすらい人形」を焼納。私たちの厄をこの人形とともに祓っていただくのです。

お火焚きが終わると、なんとも清々しい気持ちになります。そして、杉のお守りを受けます。蘇民将来子孫也《そみんしょうらいしそんなり》の札がついた杉のお守りです。今年も無事にいただくことができました。これでこの夏も無事に越すことができます。

いただいた杉のお守りは来年の夏越の祓の時まで守ってくださるので、翌年のその時にお納めします。今年もそうしたように。

今宮さんの夏越の祓の時には外せない楽しみがあります。門前菓子であるあぶり餅をいただくのです。このあぶり餅屋さんは二軒あるのですが、そのうちの一軒はなんと日本で一番古い和菓子屋さんだと伝えられています。

もう一軒も四百年以上続いているお店とは恐れ多いことです。小さなお餅を竹串の先に刺し、炭火であぶり、白味噌のタレをつけていただきます。この白味噌も京都の二軒の老舗のものが使われていて、少し味が違います。それぞれが贔屓の店に伺います。

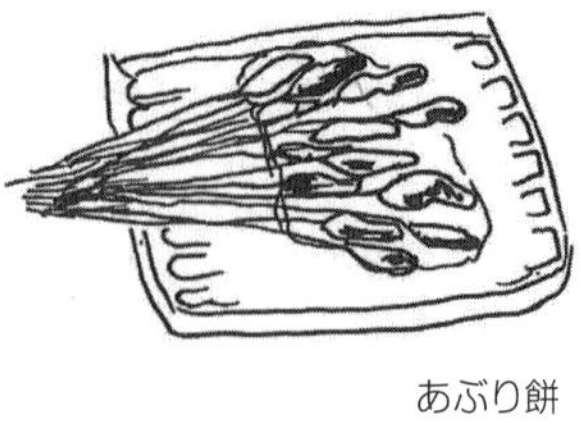
あぶり餅

決して教えられた訳ではありませんが、京都人は二軒を比べたりはしません。私はいつもこっち、あなたはそっちねという感じです。ご案内の時はお客様の直感で選んでいただくので、私はどちらのお店でもいただきますが、どちらも美味しいですよ。

間違っても、同じ日に食べ比べなどしないでほしいと思うのは私が京都人だからですね。

余談ですが、六月三十日ですのでもちろん、水無月はどこかのタイミングでいただきます。

年の後半に向けて、厄を祓っていただき、気持ち良く明日からも暮らしていけそうです。あなたがお住まいのところでも茅の輪くぐりはされますか。他にはどのような風習がありますか。

今宮神社＝京都市北区紫野今宮町21
門前のあぶり餅屋は日本で一番古いと言われる和菓子屋・一和（一文字屋和輔）と創業400年を超すかざりや。白味噌の味の違い、器の違いがあるが、どちらも美味しく、今宮神社参拝後の楽しみでもある。
★夏越祓の神事　午後3時斎行

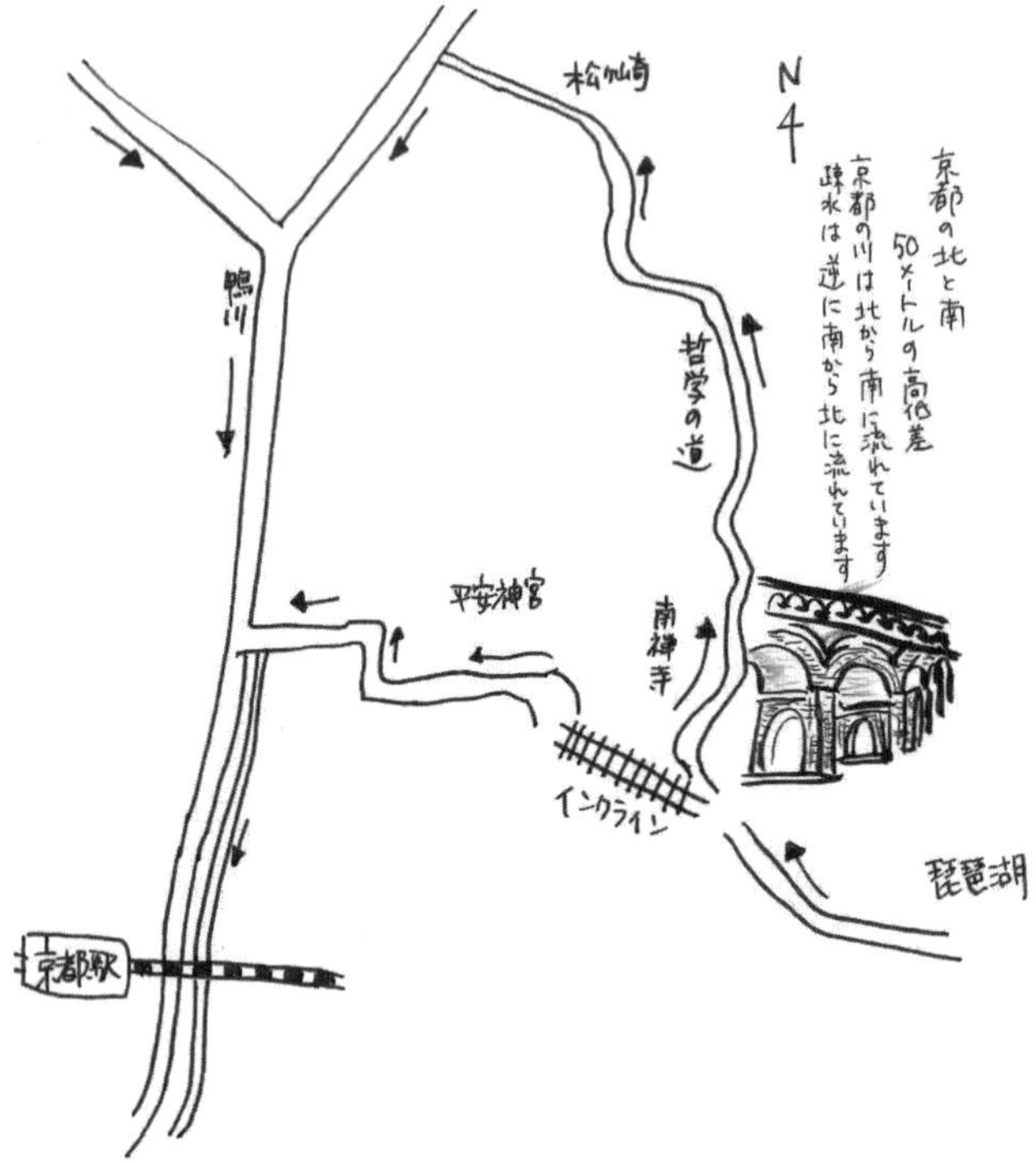

松ケ崎
N
京都の北と南
50メートルの高低差
京都の川は北から南に流れています
疏水は逆に南から北に流れています
鴨川
哲学の道
平安神宮
南禅寺
インクライン
琵琶湖
京都駅

第三章

祇園祭から秋の彼岸

——京都の行事や見処に想うこと

鉾《ほこ》建《た》て・真木《しんぎ》立《た》て・曳《ひ》き初《ぞ》め　～見えないところで命を守る～

「そろそろ鉾《ほこ》が建つ頃やし、鉾見に行こか」と祖母に連れられて四条に出かけた小学生の頃。鉾の骨格が出来上がっているのを見ても「鉾が建ち始めている」とだけの認識でした。ひょっとしたら、説明を聞いていたのかもしれませんが、残念ながら覚えていません。しかし、その時に着ていった白地に紺色のチェックのワンピースを覚えているのだから、人の記憶とは不思議なものです。

年を重ね、幼い頃の記憶が蘇ったのか、祇園祭《ぎおんまつり》、山鉾巡行《やまほこじゅんこう》や宵山《よいやま》、神幸祭《しんこうさい》に還幸祭《かんこうさい》はもちろんですが、鉾建てなどの準備段階から見るのがたまらなく好きで、お客様とご一緒の時はもちろんのこと、プライベートでも見逃したら後悔してもしきれないと思うぐらいの気持ちでいます。

今年見なかったら、来年まで見られないのですもの。来年の命は誰も保証できません。

その上、前祭《さきまつり》、後祭《あとまつり》を合わせると三十三基の山鉾があるので、しっかり見ようと思うと三十三年掛かってしまうのです。ですので、一年一年が勝負です。

鉾建てや真木立て、曳き初めなどは各鉾町でほぼ同じ日程ですが、少しずつ時間差があるのでスケジュールを把握しておいて、駆け足で次の鉾へと向かうこともしばしばです。どうしてそんなに鉾建てを見たいのか。その組み立て方の魅力に取りつかれているからなのです。釘を一本も使わずに数トンから十数トンもの重さに耐える櫓組《やぐらくみ》は柱に荒縄を掛けるだけで行われるというスゴ技です。

鉾の上には四十~五十人の人が乗り何キロもの道のりを動かすので、組み立て段階での失敗は許されないのです。その緊張感と職人技を肌で感じたくて毎年訪れています。

七月十日朝から前祭の鉾建てが始まり、手伝《てった》い方《かた》により柱を組み合わせて土台の部を作る櫓組が行われます。四本柱に荒縄を掛けて固定していきます。

縄がらみと呼ばれ、蝶々が羽を広げたような雄蝶《おちょう》、雌蝶《めちょう》などの掛け方があり、まさに芸術品です。

四条通りの烏丸を東に入ったとこ（ところ）の長刀鉾《なぎなたぼこ》、烏丸を西に入ったとこの函谷鉾《かんこぼこ》、四条室町を西に入ったとこの月鉾《つきぼこ》など、目の前で見られますので、祇園祭はもう知り尽くしているという方にも、もう一度じっくり見ていただけたらと思うのです。

櫓組ができた翌日、十一日から鉾の中心の一番高い真木立てが行われます。これぞ、手伝い方、鉾町の方と民衆が一体となり、立ち上がった時には歓声が立ち上がるのです。

まず中心の真木ですが、これがまた丁寧に作られるのです。芯になる木の上の部分は細長い竹で覆われ縄で隙間なくぐるぐると巻いていきます。真木には天王台がついていて、その上に天王人形と呼ばれるご神体を乗せます。

真木の途中に掲げる榊の束の準備も同時に始まるのですが、これが鉾町によって形が違うのです。祇園祭で鉾をご覧になる時に上の榊にも注目してみてください。その榊に紙垂《しで》

（御幣《ごへい》）をつけていきます。

ただし長刀鉾は榊のみで紙垂はつけません。菊水鉾《きくすいぼこ》では一般の人も真木を立てる前に榊に紙垂を付けることができますので、毎年、その時間には菊水鉾を訪れます。昨年も菊水鉾で紙垂を付けられたので、真木立ての瞬間から目が離せませんでした。

菊水鉾のある室町通はとても狭いので、紙垂が揺れながらも電線などに引っ掛からずに上がっていくところをハラハラしながら見上げるのです。

それぞれの準備が整ったところで、真木立てが始まりますが、土台の櫓の部分は横倒しの状態ですので、それでテコの原理で使える棒を設置し少しずつ起こしながら向きを変え真木を立てていくのです。

函谷鉾は唯一クレーンが入りますが、他の鉾はウインチを使って人の手でギリギリと上げてゆきます。櫓組のところに手伝い方の人が乗り、扇を持ち「エンヤラヤー」の掛け声で音頭を取りながらゆっくりゆっくり上げていきます。

真木が垂直になり、櫓が地面にドンと着いたら拍手喝采。月鉾では升酒とお餅が振舞われます。私たちも共同体になったような気分でいただくのです。鉾建てから真木立てまでを担当された手伝い方は巡行当日は音頭取りをされます。

櫓組と真木が立ったところで、大工方《だいくかた》の登場です。鉾の床、手摺り、天井、屋根などを取り付けていきます。巡行当日は屋根方《やねかた》をされます。屋根方の仕事は山鉾巡行のところに書いています。

もうひとつ、重要な車方《くるまかた》があり、四つの車輪を取り付けます。当日は車輪の舵取りを。ご神体、懸想品《けそうひん》、飾り金具は町内の方が取り付けます。建ち上がった鉾はまさに美術品。前掛けや胴掛けなどのタペストリーにも歴史があります。

鉾建てが終わった翌日に曳き初めが行われます。巡行の時の試運転に当たるもので一般市民も老若男女どなたでも参加できる上に、厄除けにもなるのです。

あなたもご一緒しませんか。
見えないところで命を守ってくださる方がいること、京都の行事はいつも厄を祓ってくれること、躾ではなく京都の行事が教えてくれることの多いこと。

祇園祭は京都で一番暑い季節に行われるので、決して無理はしないでください。早めの水分補給と休憩を。
祇園祭山鉾町各町　京都市中京区下京区に渡る地域

column

くじ取り式・京都市役所 〜傍聴席に潜入〜

「今年の山一番はどこやろ？」とこれから始まるくじ取り式を前にして立っているのは京都市役所の押小路側の入り口。祇園祭が始まる、京都の夏、七月一ヶ月に渡る長いお祭りが七月一日から始まります。

毎年七月二日には、京都市役所で山鉾巡行の順番を決めるくじ取り式が行われるのです。昔、山鉾巡行の先陣争いが絶えなかったので、応仁の乱後の室町時代から始められたものです。

武田五一設計の洋館である京都市役所の押小路側から入り、短い廊下を通り、階段を上り市議会場二階の傍聴席へ進みます。当時の市長、市会議員の方もここを歩いておられたのかと、感慨深くなります。

職員の方は当たり前に仕事をされている現場ではありますが、一般市民である私は、あとに名前を残された方やその方を後ろで支えて来られた方と同じ場所を歩けるということにすら、感動を覚えるのです。その方たちのおかげで今の市民の暮らしがあるのですから。

祇園祭のくじ取り式は京都市役所の市議会場にて京都市長立ち会いのもと、各山鉾町の役員の方が羽織袴姿で集まり執り行われます。

この様子を一般の方も抽選で選ばれ、二階の傍聴席からの見学ができます。鉾町の方には指定席があり、ここ数年私はありがたいことにある鉾町の保存会の方のご縁で見学の機会をいただいています。緊張感が漂うこの場所に身を置くと祇園祭への各山鉾町の方の思い入れの深さがビンビンと伝わってくるのです。


カメラマンなどマスコミの方も黒のスーツで正装し、この場に臨まれています。壇上近くにはずら～っとカメラが並びます。その前を半円の市議会場に各山鉾町の役員の方が入場されます。

上から見下ろすのが申し訳なく思いながらもしっかりと拝見します。くじを引くための予備くじがあり、その順番により、山鉾巡行の順番を決めるくじを引いていきます。

といっても、現在巡行している三十三のすべての町内がくじを引くわけではありません。くじ取らずと言って、毎年、順番が決まっている山鉾があるからです。

二〇一四年から五十年ぶりに昔からの形に戻り、前祭《さきまつり》と後祭《あとまつり》に分かれて山鉾巡行が行われています。ちなみに『あとのまつり』の語源は祇園祭の後祭から来ているといわれています。

祇園祭は八坂神社のお祭りで、神事である七月十七日の神幸祭と七月二十四日の還幸祭の前に行われるのが山鉾巡行なのです。山鉾巡行がメインのように報道されていますが、実は神事の露払いに当たるものです。

前祭のトップを行くのはくじ取らずの長刀鉾です。ですので、実際にくじを引いて「わーーーっ」と歓声が上がるのは山一番が出た時です。二〇一八年の山一番は蟷螂山《とうろうやま》でした。

山の中で唯一屋根の上にからくりがあるのです。蟷螂《かまきり》が羽を動かすのです。このユーモラスな姿は子どもから大人まで大人気の山です。その上、山一番を引き当てられた二〇一八年はそれはそれは宵山も例年以上の賑やかさでした。

一番くじを引き当てた役員の方の姿から、こちらまで胸の鼓動が聞こえてきそうでした。写真撮影は可能ですが、傍聴席に座ったら立ち上がることも許されないので、目を凝らして心に刻むばかりで、この時だけは写真に納めたいなどと頭の中が忙しいものです。

この日に引き当てられた順番と山鉾の名前はこの場で筆で記され、漆塗りの箱に納められます。これが巡行当日の〝くじ改め〟で掲げられるものです。くじを引きなおすのではなく、順番を再確認する儀式です。ぜひ、巡行の時に気に留めておいてください。

くじ取り式が無事に終わり、京都市長をはじめ、各山鉾町の役員の方が退場されると、山鉾町の方は京都市役所前に用意されたバスに乗り、八坂神社に参拝されます。このひと月は仕事より何よりも大切な祇園祭です。

このひと月のために昔の山鉾町の人は日頃は始末して、祭りに備えていたものです。華やかな部分だけが見えますが、粛々と執り行われる行事、一つ一つを絶やすことなく守り伝えて来られた先人たちの想いと団結力に頭が下がるばかりです。表には見えないところをみつける能力を身に付けたいと思う年を重ねたこの頃です。

あなたの故郷のお祭りはどんなようすなのでしょうか。

山鉾巡行《やまほこじゅんこう》 ～辻回しはここ～

「ここしかないやん、辻回し見るとこ（ところ）。祭り好きの地元の人なら、間違いなくここで見るという場所があるのです。テレビ中継は四条河原町か市役所前がほとんどですが、私たちは誰がなんと言おうとも「ここ」で見たいのです。

祇園祭、山鉾巡行の辻回し、特に鉾が直角に向きを変えるときの迫力と緊迫感と言ったら言葉では表せません。なんと言っても十トン以上ある鉾、それも釘を使わずに木を縄で組んだものに車輪をつけて四十～五十人もの人が乗っている、それを方向転換させるのですから、凄いこと、まさに命がけです。

辻回しを見る前に、まずは山鉾巡行のスタート地点に向かいます。十七日の前祭は四条烏丸に巡行する山鉾二十三基が行列順に並びます。トップはくじ取らずの長刀鉾です。長刀鉾が四条烏丸交差点の中心に据えられ、梯子が掛けられます。

その梯子から囃子方が乗り込みます。鉾の中で唯一の生きたお稚児さんが乗られるのは長刀鉾《なぎなたほこ》だけなのです。乗られると敬語で書いたのはお稚児さんは神の遣いだからです。

鉾

お稚児さんに選ばれると、家でもお母様がお世話することができなくなり、男性の手によりお世話をすることに。鉾へは地面をご自分の足で歩かれることもなく、鉾の梯子も強力《ごうりき》さんの方に担がれて上られるのです。

この瞬間を見るために四条烏丸東南角で、流れる汗をものともせずにひたすら待つのです。ラッシュアワーのような人の多さですが、押し合うこともなく行儀良くスタートを見守る人たちに感動すら覚えます。

他府県から応援に駆けつけられたと思われる警察官の誘導のもと、穏やかな時間が流れるのです。私たち観客は水分補給をしたり、祇園祭について話したりしながらですので、この暑さも乗り切れますが、警察官の方には本当に頭が下がる思いです。

水は持っておられるものの、飲んでいる姿を見たことがありません。警察官だけでなくガードマンの方など、たくさんの方に見守られてこうして無事に祭りが巡行されることを忘れてはなりません。

お稚児さんと二人の禿《かむろ》がスタンバイされ、九時ジャストに長刀鉾が東に向かい動き出します。つづいてそのあとの二十二基がこの場所を通過していきます。

すべてを見送ったあと、とっておきの辻回しの場所へと移動するのです。テレビ中継される四条河原町や市役所前ではなく、新町御池《しんまちおいけ》へ。

なぜ、この場所が良いのか、二つ訳があります。ひとつめは長刀鉾のお稚児さんがこちらで降りられるからその姿を見届けたい、ふたつめは御池通は大きな通りですが、曲がってこれから入っていく新町通は細い道なので、より慎重に辻回しが行われるので目の前で迫力を感じたいからです。

四条烏丸をスタートし四条河原町と市役所前の辻回しを終えた長刀鉾が、新町御池に到着すると交差点の真ん中に据え置かれます。そして、スタートの時と同じように梯子が掛けられ、強力さんに担がれたお稚児さんが鉾を降りられます。

迎えの車のところまで抱えられたまま、ここでも自分の足を地面に着かれることはありません。

お付きの禿二人は自分の足で歩かれます。この姿を見送り、辻回しを見るべく集中します。

辻回しはそれぞれの鉾があらかじめ準備し、鉾の下に載せて運んできた竹を地面に並べ、水を撒きます。それにより摩擦を少なくし、その上を十トン以上もある鉾を滑らせ方向転換させるのです。鉾は前に乗った手伝い方の、

「よーい、よーい、よーいとせー」の掛け声とともに曳かれてガタガタと音を立てて動き

出します。一気に九十度回転は危険で辻回しは奇数回で行うという縁起担ぎがあるので、三回で回り切れなかったら、少し小刻みにして五回で回すというように調整されるのです。辻回しの時には観衆もかたずを飲んで、回り切った時には我がことのように拍手喝采です。

この時の辻回しは各山鉾町に帰るために、これまでの巡行順ではなく、町内にうまく帰れるように順序を変えます。というのも狭い新町通ですので、先に行く山鉾が町内に戻り停められると、あとからくる山鉾が通れなくなるからです。

新町通を下がっていく（南下する）鉾は左右に立ち並ぶ民家の軒先に、すれすれに通過していきます。電柱や電線、屋根に当たらないように

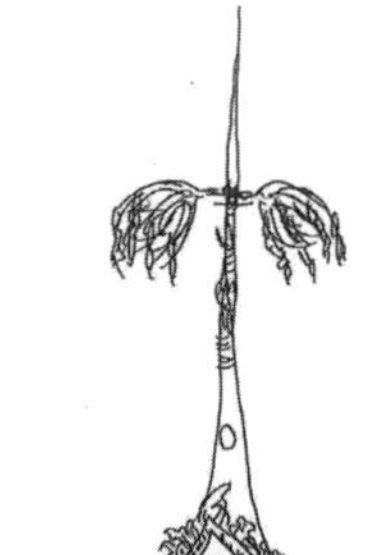
鉾

注意して体を張って調整するのが鉾の屋根に乗っている四人の屋根方《やねかた》なのです。

傾斜している鉾の屋根の上に巡行中ずっと乗っていて、鉾の中心の真木が大きく揺れるのを抑えたり、左右の建物に当たらないようにするのが役割です。まさに命がけです。

鉾が町内に近づくとお囃子のテンポが早くなってきます。お囃子は三十曲ぐらいあるといわれていますが、最後の新町通に差し掛かったあたりから、アドリブも含めてアップテンポになり町内へと戻っていくのです。

その途中、新町通の川崎家住宅の二階に大きなベランダのようなものが見えます。これは鉾見台と言って、一年に一度の山鉾巡行にお客様を呼んで見るために作られたものです。まさに「ハレの日」のためのもので、鉾町の方がどれだけこの祭りに思い入れされて「ケの日」を過ごされているかがわかります。普段は慎ましく、ハレの日に思いっきり楽しむ京都の人の暮らしはこのようなところからも伝わってきます。

町内に無事に到着すると集まっていた人たちがまた拍手喝采です。今年も無事に前祭の山鉾巡行が終わりました。

京都の街が祓い清められ、神輿が出る神幸祭に続きます。先人たちの祭りへの想いが受け継がれていることは、奇跡の連続といっても過言ではありません。

祇園祭、いちど角度を変えてご覧になってみませんか。

山鉾巡行見学のおすすめスポット

出発地点四条烏丸交差点

・京都駅から地下鉄烏丸線「四条駅」下車すぐ

烏丸御池交差点付近

・京都駅から地下鉄烏丸線「烏丸御池駅」下車徒歩3分

還幸祭神輿渡御《かんこうさいみこしとぎょ》・神泉苑《しんせんえん》 〜お寺に神様がやってくる〜

その昔、平安京（大内裏）の南東に禁苑にされている場所がありました。今の二条城の敷地も全てその土地だったとか。その名は神泉苑《しんせんえん》。雨乞いや、池に龍頭船を浮かべて管弦の宴などを催されていたと伝えられています。

今も龍頭船からのお月見ができる地元の人にとって、気軽に平安貴族になった気分で楽しめる平安京最古の史跡です。

今は真言宗のお寺ですが、神仏習合が色濃く残っています。正面には鳥居があり、くぐって左手に本堂があります。本堂で手を合わせて振り向くと法成就池《ほうじょうじゅいけ》に架かった朱色の太鼓橋があります。

この橋を法成橋と呼び、静かに願い事をしながら渡ると願いが叶うと言われています。渡り切ると善女龍王社があり、柏手を打ちご挨拶。

普段、神社ではお守りいただいているお礼と神様の開運をお祈りするのですが、神泉苑の法成橋を渡るときには、

「京都癒しの旅が必要としてくださる方に届きますように」

とお願いをしていきます。渡り終えたところで善女龍王社様にはその願いが叶いますようにと頭を下げます。

法成就池の側にはアヒルの家族が可愛い姿を見せてくれます。お月見に行った時、たくさんの人で賑わっている中、木の根元の茂みにかたまっているアヒルを見て、抜き足差し足で通り過ぎたのを思い出します。

神泉苑に来られて、このアヒルたちの姿に心を和ませる方も多いことでしょう。善女龍王社から振り向くと恵方社があります。日本で唯一の恵方社で、毎年大晦日に恵方に向かってお社の向きを変えられるのです。

小さな社ですが、ぜひ、こちらにもお参りいただきたいものです。二〇一九年二月に新しく生まれ変わりました。

さて、「お寺に神様がやってくる」が、伝わりますように。

神泉苑は祇園祭発祥の地で、平安時代、日本の国の数である六十六基の鉾が建てられ疫病退散を願いました。その御霊会《ごりょうえ》が祇園祭の始まりと言われています。その場所に今も八坂神社から神様がやってくるのです。

「ホイット、ホイット」

「ホイット、ホイット」この熱気と迫力には圧倒されます。

七月十七日の祇園祭前祭《さきまつり》山鉾巡行で

還幸祭の神輿

清められた後、神幸祭にて八坂神社から中御座、西御座、東御座の三基の神輿が出され渡御され、四条御旅所にて、七月二十四日の祇園祭後祭の山鉾巡行の後の還幸祭まで据え置かれるのです。

そして、いざ、還幸祭の神輿渡御で中御座だけがこの祇園祭発祥地の神泉苑に「ホイット、ホイット」の掛け声と共にやってくるのです。神輿到着前にはよかろう太鼓の奉納演奏でさらにヒートアップしてきます。

初めて、神泉苑に祇園祭還幸祭《かんこうさい》神輿《みこし》渡御《とぎょ》で中御座（素戔嗚尊）の神輿がやってくるのを見た時に魂が揺さぶられている自分に驚くもうひとりの私がいました。

歴史がわからなくてもお寺に神様がやってくる、この瞬間に居合わせた方なら感じるであろう何かがあるのです。永きに渡り守り伝えてこられたことももちろんですが、真言宗のお寺である神泉苑鳥居の前で、ご住職が待たれ、八坂神社の宮司様が到着されると同時に、荒々しく神輿を担いでいた男衆も神輿を下ろし、自らも腰を下ろし、静まりかえる、それが全てを物語っています。

この場所で同じ空気を吸っている自分に、夢の中にいるなら覚めないで欲しいと声を掛けます。ピンと張り詰めた中、ご住職が祭文を読み上げられます。

次に神輿の差し上げがあります。ここでもさらに大きな「ホイット、ホイット」が。差し上げが終わると、三条通にある今は八坂神社の境外末社になっている又旅社（御供社）へ向かいます。こちらには三基の神輿が時間差で集まり、神饌を供えられ、奉饌祭が行われます。その後、ポイントごとに差し上げが繰り返され、八坂神社へと還って行きます。

今は、このあたりの三条通はアーケードになっているので、神輿の勢いに見物しているものは弾き飛ばされそうになるので、見る方も身を守るのに必死です。

暑くて長くて命がけであろうと、この時、この瞬間を見届けたいものです。神泉苑の神仏習合をご自分の目で見たい方、ご一緒しませんか。今はまだ観光化もされていないので、間近で感じることができます。

平安時代、京都だけではなく全国的に疫病がはやり、自然災害があった時に、それを祓うために行われた祇園祭。この発祥の地で間近に見ると、先人たちが安心して暮らせる国を求めて御霊会を始めたことの片鱗だけでも感じることができるのです。

名も知らぬ、会うことができない人々によって、今の私達の暮らしが成り立っていることを忘れてはならないと思うのです。この場所、この時間に。

神泉苑＝京都市中京区御池通神泉苑町東入る門前町166
二条城の南側に位置し、冬は節分祭、春はツツジが美しく、夏は還幸祭、秋は観月会など地元の人で賑わう。
・京都駅から市バス9・50「堀川御池」下車　徒歩5分
・京都駅から地下鉄烏丸線「烏丸御池駅」東西線乗り換え「二条城前駅」下車　徒歩3分

京の七夕・堀川会場《ほりかわかいじょう》　～よみがえった水の流れ～

よみがえった堀川の水の流れとともに、すっかり夏の風物詩として定着した『京の七夕』。このイベントが近づいてくると、飾り付けた笹を小さな手に持ちスキップして帰った幼き頃を思い出します。

東堀川の八重桜・ピンク・白・緑～桜が終わったとは言わせない～のところで触れましたが、私が幼い頃はまだ堀川が流れていましたが、昭和三十年代後半になり枯れてから寂しく思っていましたが、平成二十一年に清流が戻った時に、様々な思い出が一気によみがえってきました。

一条戻り橋の公園で遊んで、堀川を見下ろしたことや大きなアーチ型の橋をすごいなぁと覗き込んだこと、東堀川中立売で過ごした昼下がりのことなど。

堀川に清流が戻った一年後の八月に『京の七夕』というイベントが堀川会場と鴨川会場で催されました。どんな様子なのか興味津々で出掛けたのが昨日のことのようです。

九年前の八月、

「なんか、堀川であるみたいやし行ってみよか」と夫と出掛けました。一方通行になっている『京の七夕』の入り口が家からほど近いので行かない手はありません。

東堀川通の押小路橋から見下ろすと、私たちが思っていた以上に賑わっていて、綺麗な遊歩道に整備された堀川には青い光の玉がプカプカと浮いて流れて来るのが見えました。

「えらい、綺麗にしゃはったなぁ。それにしてもこんだけの人、どこから来はったんやろ」と顔を見合わせます。そんな会話をしながら、遊歩道に下りると絵はがき短冊が売られていて、ここで書いても良し、旅の思い出にしても良しという説明を受けます。

何を書いたかはもう今はひと昔前のこと。

『いのり星』と名付けられた綺麗な青い玉が流れる堀川の両サイドには、京都ゆかりの著名人直筆のメッセージが行灯に書かれています。石清水《いわしみず》八幡宮の宮司様、賀茂御祖《かもみおや》神社（下加茂神社）の宮司様のほか、中村玉緒さんなど、それぞれの想いを直球で書かれています。

「温故知新」「その日その日を楽しく送ります」など。毎年、このメッセージを読むのも楽しみです。最近では本田望結さんの「逃げ道は行き止まり」なんてドキッとするものも。「ここを行く人はどんな気持ちで行灯の文字を読まれているのだろう。みんな幸せだったら良いな」と思いながら歩みを進めます。

次に光の友禅流しが目に飛び込んできます。美しい色合いで水に晒されるように浮かぶ友禅流しの再現です。京の七夕で友禅流しを見るにつけて、このようにして友禅流しをしていた時代があったことを思い、京都の和服文化を支える京友禅、西陣織、丹後ちりめんなどが次の世代へ繋がれていくことを望まずにはいられません。

その先には芸大生たちが竹で造った大きなオブジェが並びます。そう、京都の人口の十分の一が学生さんなのです。地元はもちろん、国内外からたくさんの方が京都へ学びに来られていることもとても嬉しいことです。

躍動感のある作品や高まる想いを内に秘め細工された竹の隙間から一筋の光を灯すものまで個性が溢れるものばかりが並んでいます。

その先は堀川の両サイドに大きな七夕飾りが続きます。短冊には小さな子どもたちが覚えたての幼い文字で夢を書いています。それらを見るにつけ、この夢が叶えられる社会を大人が作っていかねばならないとその責任の重さを感じます。

さらに進むと光の天の川（二〇一八年度はありませんでした）、アーチ型になったところに流れ星がスーーッと流れるのです。この瞬間をカメラに収めようと、若いカップルだけではなく、我々世代も身を乗り出します。

光るもの、今しか見えない儚いものに人は惹かれるのですね。

よみがえった水の流れ、京の七夕・堀川会場。これにより思い出すことができた先人たちが大切にしてきた七夕の行事がいくつもあります。その中のひとつ、今も旧暦の七夕に行われている歌道宗家冷泉家の『乞巧奠《きっこうてん》』があります。

牽牛と織女の二星に布や糸、秋の七草を供え、歌を詠み、技芸上達を願います。七夕さん、ロマチックでもあり技芸上達を願う日でもあることを今一度思い返し、大切に過ごしたいものです。

あなたが七夕の短冊に書かれたこと、叶いますように。

堀川遊歩道

京の七夕・堀川会場は押小路橋から一条戻り橋まで北行き一方通行になるので注意。二条城もライトアップしているので、夕涼みがてらうちわ持参でどうぞ。

★京の七夕・堀川会場

・京都駅から市バス9・50「二条城前」下車すぐ

・京都駅から地下鉄烏丸線「烏丸御池駅」東西線乗り換え「二条城前駅」下車すぐ

五条坂《ごじょうざか》の陶器まつり　～毎年ひとつずつ増える器～

若い頃から出張も旅行もこの期間だけは外して京都にいたいと思ったものです。

この期間とは八月七日～十日に行われる五条坂の陶器まつりのことです。京都の暑い暑ーい夏に行われるのです。

毎年この四日間、五条通りの川端から東大路までの北側と南側歩道に陶器のお店が四百店舗ぐらい並び格安で売られるのです。行かない選択肢はない、私にとっても一大イベントなのです。

五条坂の陶器まつり、これも祖母との思い出ですが、「ちょっと涼しなった夕方から、陶器まつり行こか」と子どもの頃から連れられて毎年のように出掛けていたので、一年に一度、当たり前のように行くものになっていました。

祖母が他界してからもひとりでぶらっと出掛けていましたし、『京都癒しの旅』を始めてからはお客様とご一緒する機会が増えました。

陶器まつりで有名なところは他にもたくさんありますし、やきものがお好きな方でしたら、全国を巡っておられるかもしれませんね。

五条坂の陶器まつりにもぜひお越しいただきたいものです。

京都の五条坂の陶器まつり、見ているだけでも楽しいのですが、私の楽しみ方は普段はちょっと手が出ない作家さんの器を一年にひとつずつ揃えていくこと。


和食器は五つずつと以前は思っていましたが、自分のものあるいは家族の数だけで良いと思うようになり、ひとつ、あるいはふたつずつ求めるようになりました。

家でお茶を飲む時、ご飯を食べる時にお気に入りの器だとそれだけで気分が軽やかに明るくなるものです。

慌ただしい毎日の中でも、ふと茶碗を持ち上げると、手触りや模様や色から手に入れた時のことを思い出し、「私のところへ来てくれてありがとう」という気持ちになります。

このような小さな幸せを積み重ねられるのも五条坂の陶器まつりのおかげです。

五条坂の陶器まつりでは陶器神社と呼ばれる若宮八幡宮へのお参りも欠かせません。陶器が壁のように張り巡らせ象《かたど》られている神輿が鎮座しています。

ひとつひとつを見ると個性がありユーモラスです。夜には拝殿前でコンサートが行われたりして、地元で愛されるお宮様です。

五条坂、五条通の北側にはもともと清水焼の店が軒を連ねているのですが、その歩道の道路側に陶器まつりの時には清水焼の出店が並びます。東大路に近くなるにしたがって聞き覚えのある作家さんの名前を目にすることができます。

一昨年はお茶碗、昨年はお湯のみ、今年は抹茶碗というように、出逢いを求めて目を輝かせ行ったり来たり。七日が初日ですが、日を追うごとに売値が下がり、最終日の十日には思ってもいない金額で手に入れられることもあるのです。

しかしながら、気に入ったものは即決がセオリーです。求めるのを待ってしまったため売り切れていたということになると、二度と手に入れることができないので後悔しないように注意が必要です。

北側の川端通寄りには陶器ではない、刃物や雑貨、梅干しなどの店も並んでいますから、お目当の陶器と出逢えない時も落胆することなく買い物は楽しめます。

五条通りを挟んで南側もエキサイティングです。と言うのは、新鋭作家さんや地方の個性ある作家さんが出店されているからです。

毎年、目が釘付けになるのは、太鼓のような水槽です。太鼓に例えると、叩く部分にガラスが入っていて周りの部分は陶器で下には支える足が付いています。

赤い琉金がゆらゆら泳いでいるのがユーモラスです。

陶器ならガラスの水槽よりも空気を通しそうで金魚にとっては快適かもしれませんね。

これをはじめ斬新な作品を心に留め、また来年も逢えますようにと、五条坂を後にする人も多いことでしょう。

五条坂の陶器まつりは新人作家さんの登竜門でもあり、また在庫品や訳あり品を売り尽くす場所だったと聞きます。

今もその要素があるとはいえ、清水焼を作るエリアが泉涌寺や山科清水焼団地へ移っていったこともあり、それぞれに陶器まつりが行われるので、五条坂の役割は変わりつつあるように感じています。

五条坂の陶器まつりは一年で一番暑い時期であることもあり、人出が毎年少しずつ減っているのが寂しい限りです。温暖化が進み、昔のように夕涼みがてらというわけにもいきませんが、夏の風物詩とし後世に残ることを願っています。

自分のためにお気に入りを見つける場所、若い作家さんを育てる場所、在庫品を必要な人に届ける場所、あなたも五条坂の陶器まつりにお越しになりませんか？

五条坂一帯

五条坂の陶器まつりは六道珍皇寺に精霊迎え・六道参りの時期に合わせて開催。今年もお盆が来たと実感する京都の夏の風物詩。今は他にも陶器まつりは行われているが昔ながらの五条坂の陶器まつりには思い入れがある人が多いのではないか。私もその一人。

★五条坂陶器まつり
五条通川端から東大路まで南北にて開催
・京都駅から市バス100・110・206「五条坂」下車すぐ
・京阪電車「清水五条駅」下車すぐ

大文字五山《だいもんじござん》の送り火　～あー夏休みが終わる～

高二の夏、

「なんか寂しいなぁ。夏休みも終わりやなぁ」と友達としんみり言い合ったのは八月十六日夜の九時前のこと。今も鮮明に覚えているのが可笑しいのですが、このような会話は小学生の時から毎年していたように思います。

高二の夏は下長者町《しもちょうじゃまち》に当時あった友達の家から送り火を見ました。家の前に出ると真正面に見える『大文字』の迫力、なんと言ってもその道の先に御所があり、大文字があるので見物場所としてはこの上ないのです。

友達の家に寄せてもらい一緒に送り火を見て、ゆっくりさせてもらったあの夜、寂しく感じたのは夏休みが終わるからとか、宿題もやってないからというだけではなかったはずです。

どこかで、お盆で家族の元に戻られていたお精霊《しょらい》さん（ご先祖様の霊）が帰っていかはる（いかれる）寂しさを感じていたのだと。

上京区で生まれ育ち、幼い頃はまだ高い建物も少なく、五山の送り火『大文字』『妙・法』『船形』『左大文字』『鳥居形』の中でなかなか見られないのは『鳥居形』ぐらいで他は毎年普通に見えていました。

大人も子どもも、家の近くや上京保健所の屋上から東山如意ヶ嶽の『大文字』が点灯するのを今か今かと待ち、種火のような小さな赤い光が東の山に見えた時の抑えられない高揚感を共有していたものです。

明るい大きな「大」の字になったとき、ずっと消えないでほしいと幼心に思ったものですが、そうこう思っているうちに「あっちを見てみぃ」と大の字から少し左手を指差している大人たちがいます。

『法』が点きました。「妙は続け字やなぁ」と言っていた記憶が頭の片隅に。五山の送り火ですが、山は妙と法は別なので六つの山に点灯されるのです。

次に『船形』。子どもの目で見て、船と言っても大きなイメージではなく小さな帆掛船、ヨットのように映っていました。船に目を奪われている間にその左にもうひとつの『大』が細い線ながらくっきりと見えてきます。

これが左大文字です。見ている場所のせいですが、ちょっと歪んだ大文字は中京区で見るいまも変わらぬまま。最後に『鳥居形』、こちらは角度と高さから見える場所は限られています。

今の住まいの上層階に行くと全てを見ることができますが、住んでみてそのことを初めて知り感動したのはもう二十年も前のことです。

この間、遮る建物が建つこともなく今も見えているのは、京都市が高さ制限を設けてそれが守られているからに他なりません。ありがたいことです。

五山すべてを見渡すのも乙なのですが、ひとつに絞って消えゆく送り火を見定めるのも感慨深いものです。これも年を重ねたからでしょうね。

ご先祖様に手を合わせて送り火を見る、この当たり前のことを大人も子どもも自然にできるのは、教科書に載っているわけでもなく、学校で教わることでもなく京都に脈々と受け継がれ自然と身に付いたものだと思うのです。
躾よりも身に付いている京都の暮らしが教えてくれたことがここにもありました。
あの方のひと言、この方の行い、私の感じること、それぞれ京都に育まれたものだと思うとさらにこの土地が愛おしくなります。大文字の送り火を見て、ご先祖様を送る、この一時間足らずの時間ですが、歴史の重さを感じます。

大文字の発祥は定かではなく、沢山の山に文字が灯されていたともいわれています。諸説ある中で後付けとして言われる、「『大』の字にお盆に戻られたお精霊さんが集まって、『妙法』でお経を唱えながら、『船』に乗って西の方へ進んでいき、振り返ると『大』が小さく見え、『鳥居』をくぐって極楽浄土へ帰っていかれましたとさ」という話が好きです。「無事にあちらへ帰っていかはったなぁ」と思うと今を生きる私たちも安心できるのです。大切な人が安らかでいてくださると思うことで私たちの心も落ち着くのです。

ここ数年はお客様と一緒に燃え盛る『妙』の字を目の前で見ています。山が目の前にあり、松明の一本一本までがわかるほどの迫力が堪りません。そして、お経だと思うとさらにお世話になった方やご先祖様へ手を合わせる時間が尊く思えるのです。

『妙』の火が消えゆく頃、『法』の山の麓の湧泉寺では題目踊りが始まります。これが盆踊りの始まりと言われているのでまさに送り火とともに宗教行事です。

あのときの私達のように、

「あー夏休みが終わるなぁ」と思っている地元の子ども達も題目踊りの輪に入り、先祖を想い手を合わせることの大切さを肌で感じていることでしょう。あなたの故郷や今お住いのところのお盆はどのような風習がありますか。

五山送り火
大文字五山の送り火すべてを見るには遠く離れた一部のビルからしかみることできない。ことしは「大」来年は「船形」とか、一つ二つに絞って見るのが好き。ご先祖様を思って手を合わせる時間の尊いこと。
★送り火の点灯時刻と山
「大文字」東山如意ヶ嶽20時「妙」「法」松ヶ崎20時5分「船形」西賀茂船山20時10分
「左大文字」大北山20時15分「鳥居形」北嵯峨水尾山20時20分

第四章
お月見から終い弘法
——京都の行事や見処に想うこと

神泉苑《しんせんえん》・下鴨神社《しもかもじんじゃ》・大覚寺《だいかくじ》のお月見　〜懐かしいお団子〜

「お団子作るで」と祖母の声。今日はお月見、猫の額よりも狭い裏庭にススキを飾り、三方を置きお団子をお供えします。

大人になり京都の月見団子は長細く、外に餡子を帯のように巻いたものだと知りましたが、福井県若狭出身の祖母はいつもまん丸の団子を作っていました。幼い頃は何も知らず、そんなものかと小さい手でくるくると団子を丸めて、一緒にお供えしていたものです。

これが京都の暮らしなのかどうかはわかりませんが、つつましい生活の中でも季節の移ろいを大切に暮らしてきたことが、今となって改めて良かったと思い、祖母との思い出として蘇ってきます。

「お月さん、出てるで」と空を指差す祖母の手。その手は皺だらけで声もかすれていたけれど、喜んでそばに飛んでいった記憶が鮮明に残っています。

祖母は幼い私とただ一緒に月を見たかったのか、はたまた、四季を感じ自然に感謝することを伝えたかったのか、きっとその両方なのだと思います。

今、京都でお月見にご案内したい場所がたくさんありますが、全てを同時に訪れることができないという状況に嬉しい悲鳴をあげています。

一番身近な例が、夏に祇園祭還幸祭で外すことができない神泉苑です。

神泉苑観月会、小さな法成池に龍頭船が出て、東山から上るお月様を愛でることができます。観光の方で賑わうというよりも地元の方が毎年訪れ、楽しめるお月見です。

今の仕事を始める前に神泉苑のお月見で出逢った方と今も親しくさせていただいているなど、良い出逢いもいただき大好きなお寺です。

次に下鴨神社の名月管絃祭。お客様とご一緒させていただくと、必ず喜んでいただける雅なお月見ができる下鴨神社。平安時代から行われていたものを昭和三十八年から公開された歴史あるものです。

私は毎年、暗くなり始める時間に表参道から入り、瀬見の小川にかかる紅葉橋を渡り、下鴨神社の摂社の河合神社にお参りします。ライトアップされた舞殿にススキとともにお供え物が飾られ、絵になります。

拝殿では大きな鏡に映る自分の姿に襟を正し、この日にお参りできることへの感謝を伝えます。河合神社はお月見の日も人は少なく、心穏やかにお参りすることが叶うので、まずはこちらへ。なんと言っても、日本で唯一の美麗の神様ですので、心洗われ、美しい心になれると信じてお参りするので気分も上々に。

拝殿横に奉納された手鏡の形をした絵馬には美麗を願って参拝者の手によりメイクが施されていて、見ているだけで楽しくなります。マスカラをたっぷりつけてカーリングされたまつげや頬紅がまん丸でおたふくを連想させるものなど。

私が初めてこちらの絵馬を奉納した時には、口紅を塗るだけで完璧だと思ったのに、みなさんの理想の形はそれぞれですね。

表参道に戻り、糺の森を進みます。少しの街灯はありますが、周りは原生林。暗いのですが、お参りの人もおられますし、不思議と怖さなどはありません。

二の鳥居の手前で改めて手を清め、進みます。このあたりから、出町ふたばさんの豆餅や加茂みたらし茶屋さんのみたらし団子、丹山酒造さんの甘酒など、引き込まれてしまうお店がこの夜限りと並びます。普通の夜店のようなお店はお月見の時には出ていないので、たこやき目当ての方はご勘弁を。

楼門をくぐり、左手・斎庭にはお茶席があり、お着物姿の女性も多いです。舞殿には立派なお月見のお供えがされています。こちらの月見団子はみたらし団子の形をした蜜なしのものです。

みたらし団子は下鴨神社の御手洗川が発祥の地といわれています。下鴨神社で神事が行わる時に水かさが増え、ぷくぷくと泡が出る、その泡を形どったのがみたらし団子です。串の中でひとつだけ離れているのは、人の頭を表わしているからです。

舞殿を通り過ぎ、拝殿から東本殿、西本殿に向かってお参りをします。そして、言社《ことしゃ》という各干支を守る神様に手を合わせます。

この頃になると東の空にお月様が見えてくるのです。京都は東山があるので、日の暮れすぐにはお月様の姿が見えず、十九時を回った頃に現われるのです。

橋殿では神事のあと、雅楽にのって舞楽が演じられます。橋殿前のかがり火によって、一層幻想的な雰囲気になるのです。大きな声を出す人もなく、その場にいる人が舞台に集中しつつ、たまに空を見上げて、お月様にうっとりするなんとも雅なお月見なのです。

雲に包まれている時さえも、このあたりのお月様がお出ましだと眺めていると、す～っと雲間から現われるから不思議です。

そして三ヶ所目、大覚寺のお月見もまた格別です。嵯峨天皇が大沢池に舟を浮かべお月見されたことで始まった観月の夕べ。東に見える月と池に映る月、二つの月を眺める風流で贅沢なお月見です。

空が群青色になる頃から、漆黒に移り変わる時を大覚寺で過ごし、嵯峨天皇が楽しまれたことにも想いを馳せる、何ともロマンあるひと時なのです。

子どもの頃からずっ～とお月見が好き。遠く離れていても同じ月を眺めて「綺麗やなぁ～あの人も見ているかな」と思えるのも嬉しいものです。あなたのお月見の過ごし方はどんなのでしょうか。

神泉苑＝京都市中京区御池道神泉苑町東入る門前166
★神泉苑観月会
船上でお茶をいただきながらのお月見なんて、まるでドラマの主人公になったよう。地元の人で賑わう。

下鴨神社＝京都市左京区下鴨泉川町59
★下鴨神社名月管絃祭
表参道を進むと、幽玄の世界に浸ることができる。京都でお月見を初めてされる方におすすめ。
・京都駅から市バス4・205「新葵橋」「糺ノ森」「下鴨神社前」下車 徒歩2〜3分
時間があれば、新葵橋から東に進み河合神社、表参道からお参りされるとより雰囲気を感じられる。

大覚寺＝京都市右京区嵯峨大沢町4
★大覚寺観月の夕べ
嵯峨天皇が大沢池に舟を浮かべてお月見をされたのが始まり。
・京都駅から京都バス28「大覚寺」下車すぐ
・JR「嵯峨嵐山駅」下車 徒歩17分

大徳寺本坊《だいとくじほんぼう》の曝涼《ばくりょう》展《てん》　～眼前にお宝が～

「大徳寺で目の前でお宝が見られる日があるんやー」と小躍りしたのは、『京都癒しの旅』を始めてからのこと。

「京都のことはなんでも知っているんでしょう?」とか「同じ場所を案内して飽きませんか?」とか言われるのですが、そんなことはありません。一生掛かっても京都を知ることはできず、この年までに見てきたものはホンの爪の先ぐらいの京都だと思うのです。

現に大徳寺本坊の曝涼《ばくりょう》展のことを知ってから十年も経っていませんので。

大徳寺は大好きな今宮さん（今宮神社）のほん近くで、北大路通を歩いていても東西に五分以上かかるほど、南北にはもっと距離があるので相当広い敷地です。

その中でも石畳の両サイドにゆらゆらと揺れる竹林に目をやりながら歩くと、自分ひとりが映画のヒロインになったような気分になります。

ちょうど、京都市立紫野高校のテニスコートの東側から竹林を見ながら歩くのが気持ち良く、朝夕はもちろん、日中も滅多にすれ違う人がいません。静かに鳥のさえずりを聴いていると、まるで会話をしているような気持ちになります。

「ここにいる鳥は幸せやろうなぁ」と思いながら、コツコツと自分の足音を自分の耳で確認しながら歩きます。

普段はこんなに静かな大徳寺ですが、春と秋の塔頭《たっちゅう》寺院《じいん》の特別公開の時や年に一度の本坊の『曝涼展』の時は様子が変わります。

「曝涼」とはお宝の虫干しのことです。そう言えば、着物の虫干しを怠って、数年前に箪笥を開けて唖然としたことがあります。祖母が作ってくれた夏帯にカビが生えていたのです。一度も締めたことのない絽の帯、祖母の悲しむ顔が目に浮かび、早速、お茶の先生に泣きつきました。

「大丈夫、悉皆屋《しっかいや》さんに頼みましょう」とおっしゃってくださり、真っさらになって戻ってきました。職人さんの技はすごいですね。こうして、また整えて使えるのです。それも一代だけでなく何代先までも丁寧に使えば引き継いでいくことができます。

今後、このようなことのないように年に一度は虫干しを忘れまいと肝に命じています。私の着物や帯などと比較するのは論外ですが、取り返しのつかないことにならないように、お寺ではお宝を守ってこられたのです。何百年も前のものを、次の世代、また次の世代へと繋いでくださっているのです。

今は博物館もあり、国宝や重要文化財に指定されたものも、都市の博物館の特別企画展などで拝見する機会にも恵まれますが、手の届く距離でしかもそのお寺で見られるなんて、まるで夢のようです。

それが瀑涼展。数年前、大徳寺本坊の曝涼展への旅を企画し当日を迎えました。虫干しというからには雨が降っていてはできません。雨天では中止の曝涼展、その時は天気予報では雨予報が出ていました。

お宝が見られるのか、来年に期待することになるのか、ドキドキしていましたが、晴れ女のお客様の底力が功を奏したのか、お天気が回復し無事に曝涼展が行われました。

普段は非公開の本坊へ踏み入れると、大きなバッグやカメラは預けます。写真ももちろん撮れませんし、バッグがお宝に当たってはいけないので、最小限の貴重品だけしか持ち込みが許されません。

見る方も真剣です。しっかり心に刻み、見逃すことのないようにと目を懲らします。有難く貴重な時間なので、粗相のないように静かに品のある態度を取りたいのに、「あっ、風が、大丈夫?」と思わず声が出ることがあります。

虫干しなので風を通す意味でも多少の風は必要でしょうが、隣の掛け軸と五センチも離れないぐらいで百点以上のお宝が掛けられているので、風が吹いて掛け軸が揺れてハタハタと音を立てるのですが、見ている方がビクビクするのです。

お寺の方はビクビクするどころではないはずですが、慌てることなく静かに見守っておられます。

特に人の動きがパタッと止まって廊下にも列ができているのは、牧谿《もっけい》の『観音猿鶴図《かんのんえんかくず》』のある部屋の前です。それでもこのお宝を一目見ようと来られている方はどれだけ貴重なものかをわかっておられるので、押し合うことなどありません。

こんな時も日本人って凄いと思うのです。もちろん、外国の方でお好きな方は私たち以上に大事に思って曝涼展をご覧になっていることでしょう。

一年に一度の曝涼展を訪れると、今、家にあるものも愛おしくなるのです。断捨離することがはやり、できるだけ持ち物を少なくして心地良い空間にすることが良しとされています。、それも大事ですが、本当に大切なものを次の世代に繋ぎ、そのものの命がなくなるまで使い切るということも大事だと思わせてくれる、この行事が京都にあることが何より嬉しいです。

あなたの大切なもの、守っていきたいもの、次の世代に残したい宝物は何ですか。

大徳寺本坊＝京都市北区紫野大徳寺町53
広大な敷地の中に塔頭寺院が20数か寺、通常非公開の寺が多く、静か。特別公開の時にはぜひ足を運んで欲しい。一年に一度のお宝の虫干しである大徳寺本坊の曝涼展では目の前に宝物が並ぶ、またとない機会。雨天中止なので晴れることを祈りつつこの日を待ち望む。
・京都駅から市バス101・205・206「大徳寺前」下車すぐ

時代祭《じだいまつり》と鞍馬《くらま》の火祭《ひまつり》　～静と動を一日で～

時代祭、中学生の頃から好きでした。毎年、十月二十二日と日が決まっているので、学校行事などで早く帰れる日しか見ることができなかったのですが、年を重ねてこの仕事をするまでにも、日が合えば一人で時代行列を初めから終わりまで眺めていました。

京都をご案内するようになってからはもちろんお客様と一緒に時代祭を見ていますが。

時代祭は平安遷都千百年を記念して作られた平安神宮の祭りで、葵祭や祇園祭に比べて新しいこともあり、「他のお祭りとはちょっと違うわね」と京都好きの方からのお声がちらほら。

これから百年、二百年と時代が進むと時代祭も歴史ある祭と認識されることと思いますが、京都の祭りは歴史あるものが多いので、まだ時代祭は新しいイメージですね。

それでも私は時代祭が好き。それはなぜだろうかと深く考えたことがなかったのですが、それは衣装を見るのが楽しくて最後の行列まで見たいのだと気付きました。

幼い頃から祖母が内職で装束《しょうぞく》を縫って生計を立て、私を育ててくれたので、家には常に色とりどりの糸と布がありました。洋服に糸くずが着くので、「この糸どうにかして」などと怒っていた罰当たりの私です。美しい絹糸の輝く色が今も目に焼きついています。

どうしてそれだけ美しい絹糸が家にあったかというと、西陣織に使われた糸だったからです。普通に糸を買うのも大変だったということと、装束を縫うのに太めの糸が適していたのか、祖母の知人の西陣織の機屋《はたや》さんから、帯を織った残りの糸を分けていただいていました。

「○○さんとこへ行くけど、一緒に行くか」と言われ、夕方祖母に付いて行ったのが機屋さんでした。私も宝探しのように好きな色を見つけては、「この色、綺麗やし欲しい」と言って分けてもらったものです。


どのようにして、この発色に染められ織られているのでしょうか。帯を一本織るのには機屋さんだけではなく、染屋さん、その糸を作られる養蚕業の方が一人欠けてもできませんね。もちろん、図柄を考えられる方に織機を作られる方も。

私の好きな緑色は昭和の色合いと言われる色ですが、今も特に輝く緑が大好きで、その色の小物を見つけると手が伸びるのです。子どもの頃の好みはずっと残りますね。

時代祭を見るのは京都御苑か、烏丸通の丸太町と御池の間が個人的にはベストです。京都御所から平安神宮に向けて出発しますが、建礼門をバックに堺町御門に進む行列は御苑の景色に溶け込み素敵です。

そして、烏丸通を南下するところでは、長く行列を見渡せるので、時代の変わり目を感じたり、登場人物を間近で見られたりするので楽しいのです。私のように装束に注目して、その色合いを感じられるのも烏丸通です。

烏丸通は道路が片側二車線で南行きの道路を行列するので、東側の歩道からだと至近距離で見ることができお勧めです。特に江戸時代婦人列の出雲御国《いずものおくに》や吉野太夫の衣装や前列の迦陵頻伽《かりょうびんが》が可愛らしくて見惚れます。

本行列の前に、当日の朝に御所に向かう御池通を行く維新勤王隊列の揃った足並みに、どれだけ練習を積んだのだろうと感じ入りつつ、無事に祭りが終了することを祈りながら見送るのも恒例です。
京都御所を出発した行列が初めから終わりまで通り過ぎるには二時間ぐらいかかり、平安神宮に到着するのは夕方でとても見応えがあります。雅なお昼の「静」の祭りです。

そして、同日夜に行われるのが鞍馬《くらま》の火祭です。鞍馬にある由岐神社《ゆきじんじゃ》の祭りで、昼の時代祭とは対照的で、「動」の夜の祭りです。歴史も古く平安時代に御所にお祀りされていた由岐大明神を鞍馬の地に御遷宮された時の様子を伝えられているのが火祭です。

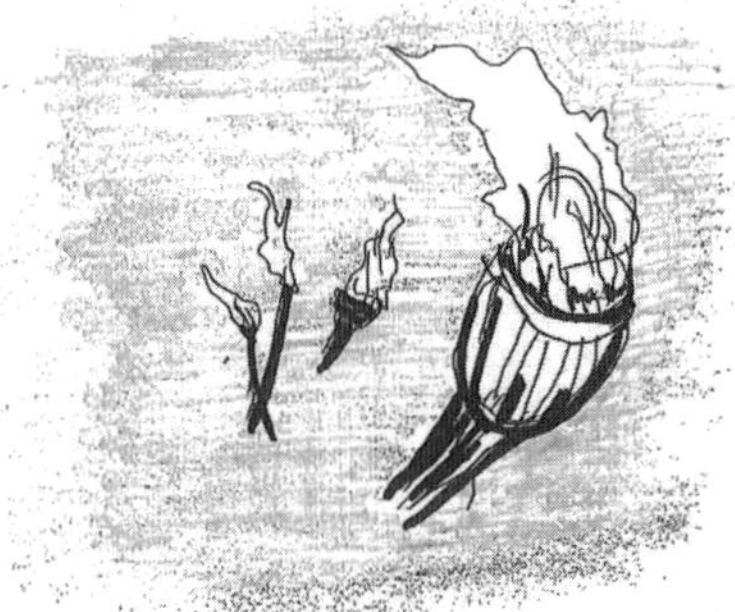
火祭の松明

今宮神社のやすらい祭、広隆寺の牛祭（現在中止）とともに京都の三大奇祭のひとつと言われています。

朝から例祭が行われ、日も暮れた頃に松明《たいまつ》に火が灯され「サイレイ、サイリョウ（祭礼や祭礼）」という掛け声とともに子どもから青年まで男衆が松明を抱えて歩きます。

肩にずっしりと松明を載せて、その火でやけどされている人もいると思いますが、それをも誇りにしているような気迫を感じます。

時代祭は「雅な行列をどうぞご覧になってください」というものですが、火祭は「地元に受け継がれた祭や、見たかったら気を付けて見てや」という雰囲気が漂いますので、見学する側もお邪魔させていただくというスタンスでないと見られません。

夜の鞍馬への足は叡山電車だけなので、タイミングを逃すと帰れなくなるので注意が必

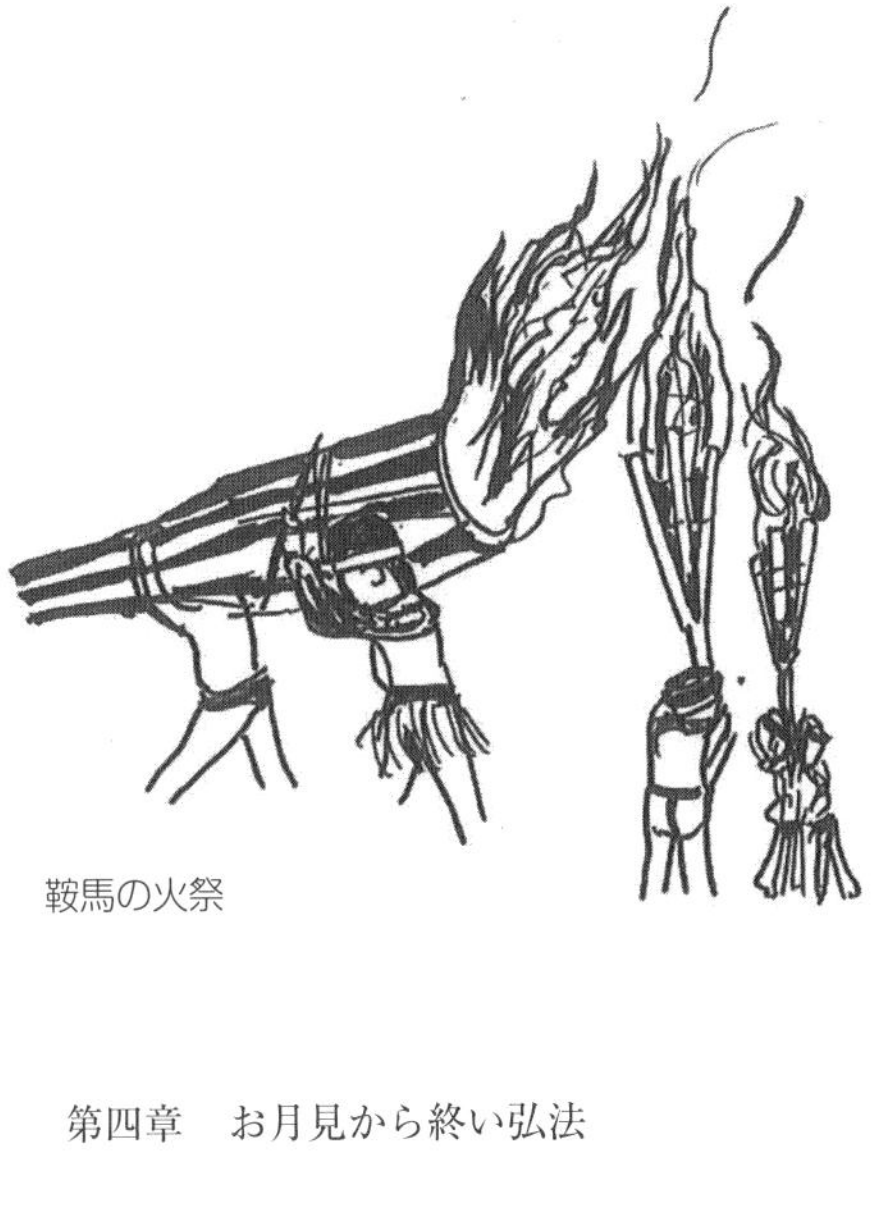

鞍馬の火祭

要です。それでも見たくなる鞍馬の火祭、二〇一八年は台風二十一号の爪痕が残り、残念ながら中止になりました。自然の猛威を感じた一年、どうか、平穏な日が続き京都の祭りが無事に行われますように。

多くの祭りが疫病退散や自然災害が治まることを祈念して始められたものです。

平安神宮＝京都市左京区岡崎西天王町97
京都御苑＝京都市上京区京都御苑3

★時代祭　10月22日正午スタート（２０１9年のみ26日）
京都三大祭のひとつ、正午に京都御所を出発、時代行列は平安神宮まで。

じっくり鑑賞するなら京都御苑の有料観覧席がおすすめ。気候も良いのでお弁当を持って出掛けるのも良い。

有料観覧席では説明の放送が入る。行列すべてが通るのには2時間ぐらいかかるので、興味のある時代だけ見たい方は京都御苑堺町御門近くや烏丸通で。

由岐神社＝京都市左京区鞍馬本町１０７３
京都御苑＝京都市上京区京都御苑３

★鞍馬の火祭
昼間の静かな時代祭と対照的な動の鞍馬の火祭、松明を持った男たちの姿に圧倒される。

由岐神社の祭、一見の価値あり。当日はじっくり見る場所は少なく、一方通行で誘導される。

交通は叡山電車のみなので、帰りの時間に注意が必要。
・叡山電車「出町柳駅」から「鞍馬駅」下車すぐ

大覚寺《だいかくじ》・大沢池《おおさわのいけ》、真紅《しんく》の水鏡《みずかがみ》 ～その誘惑に乗らないで～

本物より本物らしいものを見に、底冷えの季節が始まる十一月後半、マフラーで顔を覆いつつ暗い中を黙々と歩きます。

京都は紅葉シーズンになると多くの方が訪れ、夜間ライトアップを楽しみにされます。私は天邪鬼《あまのじゃく》なのか、人の少ないスポットで自分だけがその良さを知っていると思えるところで見るのが好き。

人が殺到する京都の紅葉ライトアップ。神社仏閣、公園などさまざまなところで紅葉シーズンに合わせて行われます。場所によっては昼の拝観時間を早めに終了し、ライトアップ待ちの人を受付場所まで誘導されるところもあるぐらいの人気です。

有名なスポットでは入場するまでに一、二時間も並ばないといけないところもあり、途中で断念される方までいます。

それなのに、期間中いつ訪れても混み合うことなく、それでいて飛びっきりの景色を見せてくれるところがあるのです。ワンシーズンに何度でも行きたくなり、大切な人に見せてあげたいと思う場所なのです。

ＪＲ嵯峨嵐山駅を降り立つと気温も下がり、漆黒の空。暗く細い道の民家のわずかな明かりをたよりに、コツコツ。道中、ひとりで歩くには少し怖く、行った先にはひとりで見るにはもったいない景色があるので、大切な人に声を掛けたくなるのです。

そこは大覚寺。ライトが当たった紅葉はもちろん綺麗ですが、池に映る紅葉や緑の木々、それはそれは素晴らしいのです。池に映っている方が本物よりもよりリアルに感じ、思わず足を踏み入れたくなります。

爪先だけでも進んで踏み込んでみたい衝動にかられますが、そんなことをしたら大変、生きて戻れないかもしれません。

池に映った景色、それも夜にライトに照らされたものが映った景色をご覧になった方はたくさんいらっしゃると思うのですが、一度、騙されたと思って、私のイチオシ、大覚寺・真紅の水鏡をご覧になってください。

他のそれとは違うのです。木がもっこり丸く大きいこともあるのでしょう。水が澄んでいるからよりリアルに見えるのか、池に映った森が深く深く、見る人を誘うのです。

「ようこそ、大沢池の森へお越しくださいました。ぜひ、足を踏み入れてゆっくり味わってください」と呼びかけてくるのです。

その誘いを断るのが大変なんですよ。くれぐれもその誘惑には乗らないでください。危険です。柵も何もないので踏み入れるのは簡単なのですから。

本物と池に映ったものと言っても、池に映ったものも作り物ではなく、映った木は本物でなくても、映った景色は本物です。そう思うと世の中の本物とそうでないものの区別は本当はとても難しいのかもしれません。

大沢池に映る景色の誘惑に、何も解釈はいらないのでしょうね。

この景色を見て、何も感じない人などいないと思います。理屈ではなく、吸い込まれるのですから。

「ここでずっと景色を眺めていたい、この美しさを人に伝えたいけれど、見ないとわからないものですね」とおっしゃったお客様は俳句をされている方。

その方の俳句をもってしても伝えるのを難しく感じるほど、まさに鏡に映った真紅と緑なのです。

「眞由美さん、枯蓮がいつの季語かご存知ですか」と聞かれたのもこの方でした。

花が咲く時期を考えたことはありましたが、枯れた蓮が季語になるとは知りもせず、不意をつかれました。

「冬なんですよ」「ひとつ賢くなりました」とふたりで会話したことがあり、それ以来、花だけではなく、その後どんな形になるのかが気になるようになりました。

お月見で訪れた大覚寺もそうでした。池が主役を盛り上げます。池に映ったお月様を見てお月見をした嵯峨天皇のころから、日本人のロマンは変わりなく伝わっています。池に映ったものを美しいと感じる心、日本人だけのものではないはずですね。ネーミングも真紅の水鏡、なんて素敵な響きでしょうか。

自分の心も池の鏡に映っているのかもしれません。

この鏡を見て恥ずかしくない生き方をしたいと、大覚寺の真紅の水鏡を見るたびに思うのです。あなたの住む街で心を映す鏡はどこにありますか。

大覚寺＝京都市右京区嵯峨大沢町4
大沢池はまさに鏡、観月の夕べで月を映し、秋から晩秋には色づく木々を映す。吸い込まれそうになる美しさをぜひ実感してほしい。

大根焚《だいこだ》き・千本釈迦堂《せんぼんしゃかどう》　～立ち上がる湯気～

この時期がくるとソワソワ、寒いけれど行かずにはいられないのです。あのプーンとする出汁の香りと湯気、そして、何よりも活気があるから。

十二月八日はお釈迦様が悟りを開かれた日、各寺院では成道会が行われ、千本釈迦堂では十二月七日と八日の『大根焚き』が恒例になっています。

あっと言う間に今年も師走、「焦るなぁ～やり残したことがいっぱい、目の前にやらなければならないことが山積み」なのに、行かないと気持ちが悪いのです。

幼い頃は決まった日に縁日があり、毎月のように祖母と出掛けていた千本釈迦堂。今は桜の季節と大根焚きの日にプライベートではもちろん、お客様ともご一緒しています。

こんな良いところ、ご案内しない理由がありません。何が良いか、地元の人が愛している場所であること、観光化していないこと、京都の住人になったような気になっていただけそうだから。

千本釈迦堂に向かうには千本五辻《せんぼんいつつじ》から西に進むか、京都で一番古い花街《かがい》・上七軒《かみしちけん》から東に進むか。千本五辻には五辻の昆布さんがあります。

「よろこぶ」「喜昆布」というように、昔からお祝い事や内祝に使われる昆布、五辻の昆布を内祝にいただくと、こちらも本当に嬉しく幸せにあやかれるように思うものです。

こちらのお店には、高級なものから家庭で出汁を取るのに普段使いできるものまで多岐に渡る昆布が並んでいます。

そう言えば、京野菜には利尻昆布が良く合うと料理人さんからお聞きしたことがありました。京都の軟水に利尻昆布が良い味を出してくれるそうです。

京都の老舗料理店の東京の店には京都から新幹線で水を運んでおられるという話も、京野菜検定の受験対策勉強会の時にお聞きしました。

そう、京野菜料理だけを出しておられる京・上賀茂萬川さんにお邪魔した時に、ふるさと産品協会の方と席を同じくさせていただき、

「京野菜検定があるのでぜひ受験してください」と言われ、その場で約束した手前、受

けることになったのはかれこれ六年前のこと。

その勉強会で昆布のこともお聞きしたのです。ちなみにその検定、無事に合格することができました。京野菜、美味しいです。ぜひ、京都でお召し上がりください。

話を戻して、五辻の昆布さんを後にして、西に向かって昔ながらの町並みを進むと香ばしいお茶の匂いがしてきます。ほうじ茶の香ばしい匂いがしてきたら、千本釈迦堂はもうすぐです。

お参り前に、匂いに惹きつけられ、いつも寄ってしまうお茶屋さん。お客様も揃ってお買い物されます。今本書をお読みのあなたも千本釈迦堂に行かれた時には、探さなくても自然ときっと足が向くことでしょう。

そう、今日の目的は大根焚きでした。お寺の色に同化しそうなシックな色合いの洋服の年配の女性の多いこと。大根焚きをいただくと中風除けになるといわれているので、無病息災を願って、ご自分のために、家族のためにお参りする人で賑わいます。

女性が多いのはやはり、長寿であることや昔からそっと人のためにお参りすることに慣れ親しんできたからでしょうか。寺の境内から前の通り、次の角ぐらいまで行列ができていることもあります。

まずは大根焚きのチケットを境内の中にある販売所で求めた上で、行列の最後尾に並びます。思ったよりも早くに列が進んでいくので寒くてもホクホクの大根焚きをいただけると思うと、意外と寒さも気になりません。

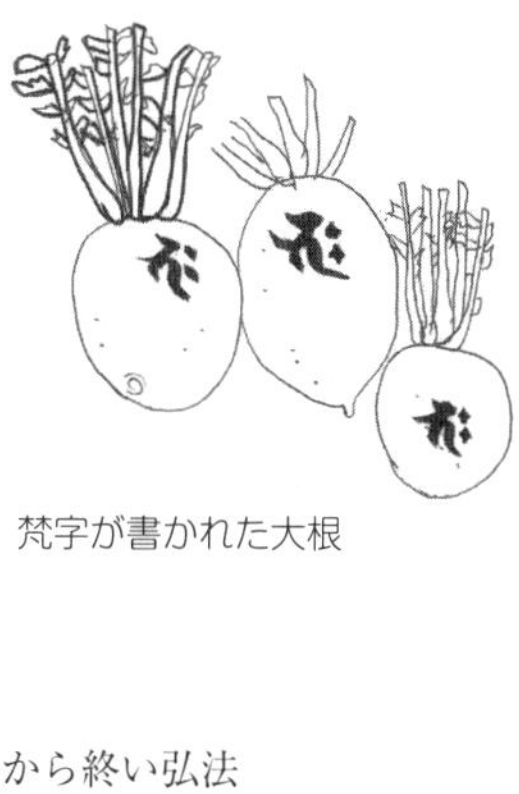
梵字が書かれた大根

境内に入ると老舗のお漬物屋さんなどの出店があり、またもや誘惑が。そうこうしていると本堂前に立派な聖護院《しょうごいん》大根が並んでいます。丸い大根に梵字《ぼんじ》が筆で書かれご祈祷済みのものです。

この聖護院大根も京野菜のひとつで、尾張の国から長大根の種をもらって聖護院で育てているうちに丸大根になったといわれています。この大根を利尻昆布のお出汁と鰹節、それに油揚げを入れてコトコトと炊くとそれは美味しいに決まっています。梵字が書かれた聖護院大根（今は伏見区《ふしみく》の淀地区、一口《いもあらい》で作られていて淀大根とも呼ばれています）は生の持ち帰り用で、実際に炊かれているのは大きな長大根です。聖護院大根は希少なので千本釈迦堂では大根焚きには使われていません。悪しからず。

大きな鍋でグツグツ煮込まれる大根とお揚げさん、味が染み込んでホクホクで美味しいです。お寺の境内でふぅふぅ言いながら食べる大根焚きでさらにパワーアップし、来年も元気でやっていけると思うのです。

先人達が伝えてくれた暮らしの知恵、旬のものを地元でいただくことで元気になれるということ、あなたも師走の京都で大根焚きを体感しませんか。

千本釈迦堂大報恩寺＝京都市上京区七本松通今出川上ル

正式名称は大報恩寺、本堂は京都市内最古の木造建築物。

本堂建築の際、大工の棟梁が柱の長さを間違え、それを救ったのが棟梁の妻であるおかめさん。素人である女性の知恵で本堂が完成となると夫の恥と思い、自害。おかめさんの銅像や阿亀桜と名付けられたしだれ桜がある。

・京都駅から市バス５０「上七軒」下車 徒歩３分

・阪急電車「烏丸駅」「大宮駅」から市バス２０１・２０３「上七軒」下車 徒歩３分

終《しま》い弘法《こうぼう》　～私達の目指した先は～

そう言えば、この日に雨の記憶がほとんどないのは気のせいかしら。年も押し迫る十二月二十一日、京都駅から新幹線のガード下の歩道を足早に歩きます。

幼い頃は祖母と堀川今出川から市電に揺られて行っていましたが、今は地下鉄で京都駅まで行き、そちらから凛と冷えた空気を顔で感じながら十二～十三分歩きます。向かう先は東寺、『終い弘法』が行われているからです。

東寺では弘法大師の命日が三月二十一日ということから、月命日の二十一日に毎月縁日が行われています。その中でも終い弘法（十二月二十一日）は広い境内に並んだ露店の前はお正月準備の買い物をする人などで特に賑わいます。

『京都癒しの旅』を始めてからはお客様とご一緒することが増えました。

京都がお好きでよく来られる方でも弘法さん（東寺の縁日）、それも終い弘法は初めてという方がほとんど。

祖母にことあるごとに身近な行事に連れられて出掛けていたためか、出掛けることが好きで季節の行事があるとじっとしてはいられないようになりました。

特に縁日にワクワクするのは年を重ねてからも変わらずです。終い弘法、今年もこうして無事に終い弘法にお参りできること、これから訪れる縁日に逸る思いで足早になります。

こんな案内人とともに終い弘法を訪れるお客様はどんな気持ちだろうかと思いながら、ご一緒しています。


「どんなものが売っているのですか?」「京都の人は皆さん行かれるのですか?」「エコバッグを持って来ました、良いものが見つかると良いなと思っています」などあちこちから声が聞こえます。

終い弘法を肌で感じていただきたい、そして、この場を同じくする皆様とともに東寺で手を合わせて一年のお礼を伝えたいと思うのです。

京都駅から早足で歩き、少し身体が温まった頃に東寺に到着です。北門から入り、早速、縁日を楽しみますが、人が多いのではぐれないように。

「ゆっくり見たいお店があれば、一声お掛けください」とお伝えして進みます。

参道の両側に並ぶ店は骨董、日用雑貨から花まで、十二月は荒巻鮭やしめ縄などお正月準備の品も並びます。この日、買い物の中で先にしておきたいものがあるのです。夕刻になると売り切れてしまうものがあるので。


そこここと目をやりながら、一軒目の「すぐき」の漬物の店が見えてきました。私達の目指した先はすぐきの漬物の店。すぐきは京野菜で上賀茂地区だけで生産されていた蕪の一種で根の部分が普通の丸い蕪をスリムにしたような長細い円錐形をしています。

塩だけで漬け、漬物にします。すぐきと言ったら、すぐきのお漬物のことを指します。今は誰でも目にして口にすることができますが、以前は上賀茂神社の社家の方だけの食べ物だったのです。

すぐきの栽培も社家の中で、お漬物もこの地区でのみ、漬けられていました。塩だけで漬けて室で乳酸発酵させます。その乳酸菌の中でも「ラブレ菌」が含まれているので近年話題になっています。

ダイエットには良いとかで、女性は飛びつきたくなりますね。私のことですが。

そういえば、もう何十年も前になりますが、親戚に贈ったすぐき、親戚の方がご近所さんにおすそ分けしたところ「腐った漬物を貰った」と言われたそうです。

酸味のある独特のお漬物なので好き嫌いが分かれるところです。

有名な老舗のお漬物屋さんで買うすぐきは、それなりにお値段がしますが、弘法さんで売られているすぐきはお手頃で、家庭で常に食べるのにもってこいです。プレゼント包装などはしていただけないので、親しい方以外への贈り物には適さないかもしれませんが。

旅でご一緒しているお客様にもすぐきのお店が何軒かあること、帰りには売り切れている可能性があるのでピンと来た店でお求めいただくようにお伝えします。

すぐきを召し上がったことがない方には、最小単位でお買いものされることを勧めています。好みでなかったらもったいないので。

北門から入った参道にある一軒目のすぐきの漬物のお店で何人かが買い物され、さらに進み北大門をくぐり食堂《じきどう》が見えると左手に大人気のすぐきのお店が。

「えっ、あとこれだけしか無いのですか」と桶を覗いてびっくりです。三ついくらと書かれた札を見て、「それではこの三つをお願いします」とすぐさま財布に手をやります。まるですぐきの漬物買い物ツアーのようですが、お正月まで楽しめるので、これだけのために終い弘法に行っても良いぐらい価値があると私は思います。

もちろん、お参りはしますし、他のお店も十分楽しみますが。

昔から受け継がれた、からだに良いもの、すぐきが京都の漬物ベスト三の中に入っていて良かった。あとの二つは千枚漬けとしば漬けです。あなたがお住まいのところで昔から受け継がれる食べ物はありますか。

東寺＝京都市南区九条町1
正式名称は教王護国寺。どこかへ出かけ、京都へ戻った時、東寺の五重の塔を見ただけでホッとする。仏像の前で1時間でも2時間でもずっと見ていたいと思う金堂。
庭園は春の桜から秋の紅葉まで四季を感じさせてくれる場所。毎月21日に開かれる弘法さんの縁日も楽しみ。
・京都駅八条口から西へ徒歩15分
・近鉄電車「東寺駅」下車 徒歩10分

第五章

一歩離れて見えたこと

鯖《さば》街道から若狭《わかさ》の鯖がやってくる

京都の歴史や文化などをまったく認識していなかった小学生時代、毎年夏になると祖母の郷である若狭へ連れられ数日過ごすのが楽しみでした。若狭へ行くのが楽しみで指折り数え夏休みが来るのを待つ一学期の終わり。

親戚に泊めてもらっていたので、宿題もちゃんとする約束で大きな荷物を抱えて、当時の国鉄に揺られての二人旅。汽車に乗るだけで心弾み、ずっと降りたくなかったのを思い出します。当時はもちろん、小浜線は蒸気機関車でトンネルに入ると大慌てで窓を閉めないと顔が真っ黒に。あ~懐かしい。

若狭の親戚の家に到着すると、すぐに宿題をしてしまいたくて広げていたものです。と言っても低学年の頃は絵日記が主で、まだ来ない日の日記を書くこともできず、なかなか前に進まなかったのですが。

近所に私より二つ上の遠縁のお姉さんがいて、よく遊んでもらいました。

「今日の晩ごはん、何作ろう?」って小学生二人が考えて、親戚の家にある食材と足らないものは買い物に行くなど、なんでも好きなようにさせてもらえて、今から思えば夢のような夏休みです。

今、本書を書きながらも鮮明に当時の自分の姿が浮かび、その時に着ていた洋服から会話まで思い出すことができます。

今の時代なら、衛生状態はどうなのかとか、包丁で怪我をしたらどうするのかとか、子どもだけで買い物に行かせて良いのかなど、問題ありがたくさん出てきて、誰かの反対でこんな夏休みは過ごせなかったのかもしれません。

昭和の良き時代というひと言では終わらせたくないような幸せな経験でした。

親戚の家の前は田んぼで二百メートルぐらい先に線路があり、踏切のカンカンカンカンという音も聞こえてきます。線路は単線で汽車は一、二時間に一本でよく線路脇で写真を撮ったものです。

今は論外です。柵のない危険な場所で何か事故でもあったら大変です。
線路の近くで遊ぶのは危ないこと、近くで電車が通る風圧などを子どもにも感じさせ、電車と接触すると命を落とすこと、それだけではなく周りにどれだけの迷惑を掛けるかなどを大人が教える必要がありますね。

今から考えるとなかなか奔放で若狭の田舎を飛び回って遊んでいたものです。カンカン音がする踏切を越えてもずっと田んぼが続き、山が見えるその麓辺りから、バイクにトロ箱を積んで小浜の浜焼きの鯖を売りに人が来ます。
トロ箱に緑の紙を敷いた上に姿のまま串に刺され焼かれた鯖が並んでいます。なんともご飯が進みそうな香りがしてきます。バイクの上のトロ箱を覗き込み、焼き鯖を買ってもらうのをワクワクと待つ瞬間、思い出しただけでもよだれが出そうです。

この焼き鯖、一日では食べきれず、翌日は豆腐やネギを入れて炊いて食べていました。これがまた堪りません。今もなお、焼き鯖を手に入れた翌日は九条ネギと炊き、しょうがを添えていただきます。

京都から一番近い海は若狭。汽車で行くにも車で行くにも福井県なのに、当時は京都の海に行くよりも短時間で行けました。今は京都北部へも高速道路が繋がったので若狭へ行くのと同じぐらいで行けるようになりましたが、それもまだここ数年のことです。

昔から京都市内にいると一番近い海が若狭だったので、若狭から京都へ鯖が運ばれていました。その何本もある道を鯖街道と呼び、多くは国道３６７号線や国道27号線を鯖街道と呼んでいます。京都の出町から大原を越えて滋賀県の朽木《くつき》、福井県の小浜に向かう道には鯖寿司のお店が点在しています。

昔は若狭から京都へ生の魚の運搬はできずに塩で〆て徒歩で運んでいたので、その鯖を使って鯖寿司を作る店がたくさんできたのも頷けます。

鯖寿司

夏休みに若狭から帰る頃に家に届く焼き鯖、今宮さん（今宮神社）のお祭りに若狭から取り寄せた鯖で祖母が作る鯖寿司、五十年経った今でも舌が覚えています。祖母の鯖寿司が食べたいですが、それはもう叶わぬこと。

「鯖街道から若狭の鯖がやってくる」、このワクワク感、また味わいたいものです。

京都から一番近い海、若狭、御食国《みけつくに》。日本遺産第一号認定『御食国若狭と鯖街道』都と海を繋ぐ道、往来文化を感じる旅がしたくなりました。

鯖寿司を食べに行きませんか。京都の食文化を支えてくれたのは若狭の海産物、塩だったのです。主役にはひとりではなれません。その食材を運んでくれた人、収穫してくれた人があったからこそです。

鯖街道
「京は遠ても十八里」と言われ、福井県の若狭で獲れた鯖をひと塩して京都へ運ぶとちょうど良い加減になったことにより、鯖街道と呼ばれる。京都市内から一番近い海が若狭・小浜あたりで、運搬に使われる道、いくつかを鯖街道と呼んでいる。私たちは今の国道３６７号線を通るルートを鯖街道と呼ぶことが多い。鯖街道には鯖寿司の店が今もたくさんある。

間人《たいざ》の花火は頭に落ちてくる

「どん、パチパチパチ」。音と光は時間差があるが、ここの花火はほぼ同時に全身で響きと音を感じ、真上からはらはら落ちてくるのを体感できるのです。

「京丹後市丹後町間人、この地名、読めますか?」 難読どころではありませんね。

諸説の中でこれを信じたいと思うのが、間人皇后《はしうど》が残された地名という説。

大和の国で蘇我氏と物部氏の騒乱があった時、聖徳太子の母・間人皇后が戦乱から逃れるために今の丹後町間人に身を寄せられ、村民の手厚いもてなしのお礼に自分の名前を残していかれたとのこと。

そのまま使うのは恐れ多いと「退座」されたことから「たいざ」と読ませたという説を信じたく、諸説ありますがと言い添えてお伝えしています。

京丹後市役所丹後庁舎の前を海に向かって五分ぐらい歩くと、日本のエアーズロックといわれる「立岩《たていわ》」が海の中にそびえ立ち、砂地の陸地には間人皇后と聖徳太子の母子像が立っています。

丹後に旅された時には、ぜひ、この景色をご覧ください。私の苗字「下戸《おりと》」は夫の姓で初めてこの苗字を見たのは二十三歳の時でした。

今まで見たこともなく、変わった名前だなと思っていました。今だから言いますが、当時はあまり好きになれなかったのです。

出会ってから数年経ち、丹後七姫伝説というのを知り、この名前を肯定できるようになりました。ごめんなさいと今更ですが謝りたいです。


何が正しいかは謎ですが、ひとつの説ということですが、間人皇后についてきたお付きのひとりが下戸部大連《しもとべのおおむらじ》とのことで、下戸《おりと》になったとか。

そう言えば、間人には七姫伝説にある限られた苗字の方が驚くほど多いです。中江さん、東《あずま》さん、相見《あいみ》さん、蒲田《かばた》さん、谷・小谷《おだに》さん、中村さんです。表札を見るとびっくりします、本当に。間人に行かれたら、キョロキョロしてみてください。

京丹後市丹後町間人の人口は平成二十七年の国勢調査で一九八七人です。小さな村落で幻のカニ「間人ガニ」が獲れることで有名になりました。小型底曳網漁船五隻だけで荒波の日本海に出て行きます。

命がけで漁師さんが獲ってくる松葉ガニの雄を「間人ガニ」と呼び、毎年十一月六日の解禁日の初セリでは五杯で数十万円～百万円という高値で競り落とされます。

良い漁場が近くにあること、小型船なので日帰り操業をしていることで鮮度を保ったまま水揚げされるカニですので、通の方には堪らないものです。緑色のタグには、間人港・◯◯丸と船の名前が書かれています。

カニ漁は十一月～三月で、夏場にはバイ貝やイカ漁が盛んに行われています。

イカ漁が盛んな夏、毎年、七月二十五日に『間人みなと祭』が行われ、船が点灯し、夜店が港に並び、子ども達が両親、祖父母に連れられて集まってきます。

そして、間人みなと祭のメインイベントが花火です。もともと、豊漁と安全を願って打ち上げられる花火。海と空が一体となりまさに花火が降ってくるという表現がぴったりです。間人の港が数年前に広くなったので、夜店が出ている場所の右側奥に広がる地面にシートを敷いて、大の字になって空を眺めることができるのです。

五感で感じる花火、ドンと胸のあたりに響き、手先、足先まで振動と音が電気が走ったように瞬時に響き渡るのです。目で見る花火も火の粉を被るのかと思うぐらいの勢いで降り注がれます。これは体感しないとわかりません。ぜひ、ご自分の身体で実感してみてください。

間人の花火

小さな漁師町の八百発の花火大会、捨てたものではありません。いろいろな場所で花火を見てきましたが、これだけ至近距離で見られるところにまだ出逢ったことがありません。

前話の鯖街道でも、福井県の若狭から京都を越えて奈良まで流通の記録があったようですが、京丹後市丹後町間人も大和国との繋がりがあり、昔から近辺の土地と助け合い協力しながら生きてきた足跡が見られます。

京都は都として栄えましたが、それは周りの協力があったからこそということを忘れてはなりませんね。私達もひとりで生きている気にならず、常に周りの方の支えがあることを肝に銘じて生きていきたいものですね。

間人＝京都府京丹後市丹後町間人
京都府北部に位置する小さな漁村、山と海が近く車が通れない小さな坂道が多く風情がある。
京都市内とは文化圏が違い、どういうわけか言葉のイントネーションは名古屋弁に似ている。
・京都駅からＪＲ京都丹後鉄道を乗り継ぎ「峰山駅」下車、バスで30分

奈良はほんまに凄い

小学校の頃、遠足だったか町内のお千度さん（町内で揃ってお参りすることですが、遠足のようなイベントになっていたように思います）かで訪れた奈良、記憶にあるのは東大寺の大仏さまの大きさと奈良公園の鹿。

当時、奈良まで行くのはちょっとした旅でした。今は旅案内やプライベートでも奈良に行く機会があるのですが今でも、子どもの頃以上にスケールの大きさを感じます。

とにかくひとつひとつが大きいのです。京都の神社仏閣でも感じますが、先人達はどのようにしてこれだけ大きな仏像を彫り、神社仏閣を建てたのかということ。

今のようにコンピュータがない時代の人の知識や知恵は現代人の私達でも想像もできないほどのものです。

記録に残っていないのか、敢えて破棄されたのかわかりませんが、素人が見ただけでも凄いのはわかります。

京都に東福寺というお寺がありますが、奈良の東大寺、興福寺から一文字ずつとって名付けられたといわれるように、いかに京都人が奈良をリスペクトしていたかがわかります。

ひとたび、奈良に足を踏み入れると心と体が呼応するように、小さな鼓動が始まります。ワクワクとかドキドキというのではなく、重々しく慈しむ気持ちでこの地を丁寧に歩いて、手を合わせて、奈良の空気に浸りたいと思うのです。

まずは鹿への配慮に驚きます。交通事故に遭わないようにとドライバーにも徹底されているし、異物を食べてしまわないようにゴミ箱を置かないなど、神様のように扱われています。野生動物をこれだけ神聖に扱い、それがずっと続いていることに感動さえします。

春日大社があるから、鹿を粗末に扱うことができないとの思いなのか、動物をこれだけ地域全体で大事にしている例は聞いたことがありません。野生動物が街の暮らしに溶けこんでいるのも世界中を探しても奈良だけではないでしょうか。

以前、お世話になっていたガイド会社で修学旅行案内の奈良研修を受けた時のことです。鹿は自然のままで千二百頭ぐらい生息し、家族というか小グループで行動していると聞きました。奈良の鹿のことを遡ってもっと知りたい気持ちになります。

国の天然記念物に指定されている奈良公園の鹿、私が京都に生まれて幸せだと気付いたように、奈良に生まれた鹿も良かったと思っていることでしょうね。鹿に感情はないよと言われそうですが、きっと人間以外の動物にも感情があると信じているので悪しからず。

奈良にお邪魔した時には鹿を大切にしたいですね。これからも共存できるように。

次に東大寺の大きさです。年を重ねて改めて大仏さまを目にした時、私達は大仏さまに見詰められ、慈愛の心に溢れ包まれ、身体が温まるような感覚になりました。

大仏殿の大きさも創建当時のものより小さくなっているのに、この大きさ。どれだけのお金と人力が掛かったのか、想像もつきません。人々の信仰心があったということでしょう。東大寺の二月堂はお水取りで有名で、お水取りで使う水は二月堂下の若狭井から汲まれます。

「鯖街道から若狭の鯖がやってくる」で書いた若狭ですが、こちらにある神宮寺で奈良のお水取りに先駆けてお水送りが十日間に渡って行われます。

神宮寺で汲まれたご香水を遠敷川《おにゅうがわ》に注ぐのですが、それが十日掛かって奈良東大寺の二月堂若狭井に届くということです。

若狭、京都、奈良の繋がりがここにも見えます。

最後に、平城宮跡歴史公園のスケールの大きさです。数年前に近鉄電車に乗っていた時、だだっ広い土地に大きな宮殿が現れました。復元大極殿だったのかと思います。

奈良のニュースがあまり入ってこないだけか私が知らないだけかもしれませんが、こちらの公園は京都御苑の約二倍の大きさがあり長期計画で進められています。

奈良は何事もスケールが大きく、静かに粛々と計画が進められ、県民にも浸透しているように感じるのです。

奈良を訪れた時に大きな愛に包まれているように思うのは、歴史とともに奈良県民の心にも平城京の歴史を残すという意思があるからではないかと思えてなりません。先日も平城宮跡歴史公園を訪れましたが、奈良の方が地元を愛されていることがびしびしと伝わってきました。

奈良の空気に触れるにつけ、ただただ尊敬の念が募ります。京都のこと、京都府民も一人ひとりが大切にしていけたらと思います。あなたの故郷への想いを聴かせていただけたら嬉しいです。

平城宮跡歴史公園＝奈良県奈良市二条大路南3丁目5－1
とにかく広く、朱雀門ひろばに身を置くだけで奈良の大きさ、懐の深さを実感。ガイドさんがとても親切で、奈良を心から愛されているのがこちらまで伝わってくるので、行かれたら是非ともお話ししてほしい。朱雀門から大極殿を臨む景色に、何十年かかっても次世代に残したいとの強い想いを感じる。1日ここで過ごしたいと思う場所。
・近鉄奈良駅・JR奈良駅西口から路線バス学園前駅行きにて「朱雀門ひろば前」下車すぐ

琵琶湖疏水《びわこそすい》の桜と菜の花

琵琶湖疏水の流れるエリアで、東山より東の琵琶湖に近い側を実際に見たのは四十歳を過ぎてからのことでした。

それまでは南禅寺近くのインクラインの桜のトンネルや、南禅寺水路閣に繋がる分水、岡崎疏水、哲学の道沿いの分水、松ヶ崎疏水の桜のトンネルで書いたあたりしか知りませんでした。京都でも東山を東に越えたあたりの疏水は水量もあり、流れがゆっくりと穏やか、緑も濃くて上記の疏水とは一味違う景色をしています。

以前、京都府立洛東高校へ行く機会がよくありました。山科駅からゆっくり北へなだらかな登り坂を進むと小さな橋が見えてきます。その橋を渡ると洛東高校の校門があります。

高校専用の橋ですが、この橋は琵琶湖疏水を渡るためのもので、琵琶湖に続く側も南禅寺方面に向かう側も流れがゆっくりで遊歩道があり、地元の方がのんびり散歩されているのを良く見かけました。

桜の頃、若葉の頃、蝉が合唱している頃、紅葉の頃、木の枝から葉が落ちた冬でさえも絵になる景色が見られて、この近所の方が羨ましいと思ったものです。京都で暮らしていながら、この時に知った疏水はここまででした。

それから後、『京都癒しの旅』を始めて、山科の毘沙門堂《びしゃもんどう》へご案内する機会に恵まれ、洛東高校より東の疏水を知ることになったのです。

秋に訪れることが多かったのですが、数年前に醍醐の花見の後、毘沙門堂さんへ向かう旅を企画し、春の琵琶湖疏水の素晴らしい景色に出逢うことができました。

旅の前には必ず下見をするのですが、山科から京阪電車京津線でひと駅、四ノ宮あたりから疏水沿いを歩いた時の桜と菜の花とそれを映す疏水に見惚れて、何時間もかけて行ったり来たりしました。

できるだけゆっくりと美しい景色が見られるところへお連れしたいという気持ちと、四ノ宮から毘沙門堂までを歩く負担、これを天秤にかけると答えが見つかりませんでした。

それで昼食時に正直にお客様五名様にお伝えしました。

「桜と菜の花の綺麗な景色を見るには坂道も含めて一時間近く歩くことになります。しんどそうと思われたら、タクシーで目的地に向かいます。その場合はお花の景色はちらっと横目で見える程度です。どちらでも大丈夫です。遠慮なくおっしゃってください」

と申したあげたところ、全員一致で、

「歩きます。今しか見られない綺麗な景色を見たいです」

とおっしゃり、トコトコと歩くことに。

疏水が見えているところ、疏水がトンネルを通過し、人間は山沿いをひたすら歩くところなど、それぞれです。

疎水沿いの桜と菜の花

桜と疏水の深緑が美しく、またそこでお花見をしているご近所さんと思われる方々の笑い声にこちらまで誘いこまれてしまい、
「なんだか楽しそうで良いですね」
という会話になり、こちらも笑顔で何枚も写真を撮りました。

トンネルの中を流れている疏水が姿を現わしたところから少し進むと、毘沙門堂へと続く橋が架かっています。ここで遊歩道から上がり、その橋の上から振り返り見る疏水が絵になるのです。

深緑の疏水、黄色の菜の花、見上げるとソメイヨシノのピンク、菜の花とソメイヨシノはダブル主演、疏水は渋く脇を固めてくれています。

ポストカードにできそうな見事な風景です。

この風景を見ながら思うのです。長い年月をかけて開拓し、水力発電や水源を確保してくださった先人達はこの景色を見ることもなく、将来の京都のことを考えて尽力くださったということを。

今の世代は、子ども達や次の世代に何を残せるのでしょうか。物質的なものだけではなく、日本人の心もそのひとつ、大人がもっと意識して導いていかねばと強く思います。

一つのことがなされなくても、今の京都、今の日本の景色が変わっていたかもしれません。こうして、安全に暮らせることに感謝し、先人達のおかげだということを再認識し、ことあるごとに子ども世代に伝えていきたいものです。

京都という地に住み暮らしているからこそ、説明しやすいことがたくさんあるので、一日ひとつずつでも言葉に出していこうと自分に言い聞かせています。

あなたの街での暮らしでも、こんなことがあったと聞かれたことがあるかもしれませんね。土地への愛着が湧く瞬間です。

琵琶湖疏水

大津市観音寺から京都市伏見区堀詰町までの全長約20キロの「第1疏水」、全線トンネルで第1疏水の北側を並行する全長約7・4キロの「第2疏水」、京都市左京区の蹴上付近から分岐し北白川に至る全長約3・3キロの「疏水分線」などから構成され、今も現役で活躍している。

南禅寺境内を通る水路閣や蹴上のねじりまんぽ、インクラインなど、見どころもあり散策を楽しめる。

第六章
心に生きる京の風景と豊かさ

京都に今原町家さんがあって良かった

「わぁ、親戚の家に来たみたい、なんや懐かしいとこですね」

とそこここから聞こえる声。私達がお邪魔しているのは京都上京にある今原町家《いまはらまちや》さんです。Facebook によくアップしているので、

「よっぽど好きなんやね」と言われますが、そのとおり、好きで好きでたまりません。

「レストランですか？」「町家見学に行かれているのですか？」

と聞かれますが、正直なところ、どちらとも違うとしか言えないのです。

もちろん、食事を提供してくださいますし、町家の見学もさせていただけるのですが、そんなんひと言で伝えることができひんのです。

今では、京都の町家を改装したお店や、町家のような造りで新築されたお店が多く、それぞれ賑わいをみせていますが、「今原町家さんは別格なん、同じカテゴリーで考えんと

いてな」と思わず言いたいほどです。

私、今原町家さんとは赤の他人なのですが、一歩踏み入れた時からお暇《いとま》するまでの居心地の良さといったら他では味わえず、お伝えするのに力が入ってしまい、「身内なの」と言われる始末です。

お店ではなくて、お家《うち》なんです。実際に人が住んでおられるところへお邪魔させてもらえるのです。サービスがどうとか、そんなん違うねん。そんな簡単な言葉で片付けらへんほどすごいところなのです。

今の京都で町家をこれほどまでに愛して、誰にでも「どうぞゆっくり遊んで行ってくださいい」と言ってくださるところ、他に知りません。帰りを急かされたこともありません。だって、一日一組限りしか約束されませんので。

ご案内した方がこのまま泊まっていきたいとおっしゃるのも納得です。私も同じ気持ちになりますので。

今原町家さんの前には鉢植えの季節の花々が飾られ、一歩入ると通り庭には打ち水がされています。お客様の上がる玄関から部屋に案内されると、それはそれは懐かしい風景に出会います。まるでおばあちゃんの家に来たような気持ちになります。

「どうぞ、お待ちしておりました。ゆっくりしていってくださいね」

この心からのおもてなしの言葉にほっとします。マニュアル通りの接客ではありません。オーナーさんや支配人さんは、接客とかサービスとか、そんな言葉が似合わない、大切な人を招いたらこんな風にするだろうなという姿勢なのです。お言葉に甘えてゆっくりさせてもらい、また明日から頑張ろうと思える場所なのです。

京都上京の老舗めぐりの旅を発案されたオーナーさんからお声掛けいただき、「京町家で地元に受け継がれる食とめぐり逢う旅」という企画をご案内しております。今原町家さんは上京の元聚楽第《じゅらくだい》あたりにあり、私も上京育ちということもあり地元のお店の方が本当に良くしてくださいます。

このように地元との繋がりが濃いのも京都の特徴です。

「京都は世間様が狭いので悪口は言えません」といつも京都人同士で笑い合っていま

す。ふたり三人と顔を合わせれば、「あー知ってる、あなたもお知り合い」ということになるのです。

昨年、今年と、今原町家さんのお正月特別ランチ会に伺いました。昨年はプライベートで、今年はお客様とご一緒したのですが、その充実度は天下一品です。

屠蘇器が置かれ、ひとりずつに支配人さんからお屠蘇を注いでいただきます。

「みなさん、おめでとうございます。今年もよろしくお願いいたします」

このご挨拶のあとは、ひょっとして以前から知り合いだったのかと思うぐらい、集まった方同士で自然に気持ち良く会話が繰り広げられます。

そうしていると、品良く盛られたひとり用のおせち、大吟醸の白味噌で作られた真っ白なお雑煮が運ばれてきます。今原町家さんではお雑煮は真っ白で全てが丸なんだそうです。

大根、里芋、丸餅が入っている白味噌雑煮が漆のお椀で出てきます。美しくこの上なく美味しいこと。味わってゆっくりゆっくりいただきます。

支配人さんの集められた地酒は普通ではなかなか手に入らないものばかりで、下戸《げこ》の私もお正月は少しいただき良い気分になりました。

みんなで良いお正月を過ごしていると、庭に雉鳩《きじばと》がやってきました。

名前は「ででちゃん」なんですって。雄か雌かはわからないそうですが、今原町家さんの中庭によく現れて、蹲の水を飲んだりしてのんびり過ごすとのこと。

支配人さんが「あっ、上を見たのでそろそろ飛びます」とおっしゃったら、その通り、ででちゃんは飛び立ちました。そんなこんなをみんなで寛ぎ楽しめる今原町家さん、ずっとずっとこのままでいてくださいね。

京都の暮らし、文化をそのまま伝えたいとの想いでご自宅を提供くださっています。

ほんまもんの京都の暮らしを覗いてみたい方、ご一緒しませんか。

今原町家（いまはらまちや）＝京都市上京区葭屋町通上長者町下る菊屋町516
京都・上京、聚楽第があったところにある京町家。昭和初期の建築当時の姿をほぼそのまま残す建物で、現在も住まれながら、京都の町から町家が消えてしまわないようにと、完全予約制にて特別な時間、空間、こだわりの食事を提供されている。
・京都駅から市バス9・50「堀川下長者町」下車 徒歩1分

先に小鳥に、東林院《とうりんいん》の小豆粥《あずきがゆ》

「このちりとりみたいなん、何やろ？」

初めて、妙心寺塔頭の東林院《とうりんいん》の『小豆粥で初春を祝う会』に出掛けた時のことです。思わず友人と顔を見合わせ出た言葉でした。この謎が解けるのにそう時間はかからなかったのですが。

一月七日の七草粥は貴船神社の若菜神事に参列し、直会《なおらい》でいただいたり、我が家でも作り、家庭でも作られることが多いと思いますが、一月十五日の小豆粥をする家庭はだんだん減ってきているように感じます。小豆粥を食べる風習も知らないとおっしゃる方も。

そういう我が家も小豆粥の代わりにおぜんざいにすることが多くなってきました。

毎年、一月十五日から三十一日までの間に、妙心寺塔頭の東林院で『小豆粥で初春を祝う会』が行われています。

近年はお客様と出掛けて、私も改めて京都にいることを実感するのがこの会です。広い敷地の妙心寺、山内と山外になんと塔頭《たっちゅう》が四十数カ寺もあるのです。その中のひとつが東林院。普段は非公開ですが、この小豆粥で初春を祝う会、沙羅の花を愛でる会、梵燈のあかりに親しむ会など、季節の行事がある時には特別公開されています。

さらに、和尚さんが教えてくださる精進料理教室もあります。それについては恥ずかしい思い出がありますが、のちほどに。

東林院の小豆粥で初春を祝う会に初めて訪れたのは、二十年ほど前、友人に誘われて知らない世界にどきどきしながら出掛けたのを覚えています。

というのも、「会」という名前が付いているので、そこに集まった人達で行なう何かの儀式があるのかと思っていたからです。でも、その心配はいりませんでした。

受付を済ませ、本堂で手を合わせていると、隣の部屋へどうぞと勧められます。その部屋にはもうせんが敷かれ、床の間の掛け軸とともに仏手柑《ぶっしゅかん》が飾られていました。仏手柑を見たのものこの時が初めてでした。

柑橘類でレモンのような色をしていて、まるで仏様の手のような形をしているのです。見ただけで、ありがたい気持ちになったものです。

友人と仏手柑に見惚れていると、梅湯が入ったお湯のみとお菓子が盛り付けらえた器が運ばれてきました。「梅湯茶礼」ということで、福茶と祝い菓子をいただきます。白湯に小梅の入った梅湯と祝い菓子は干し柿やきんとん、昆布にみかんなど、お庭を見ながらいただきます。これだけでもかなりお腹が満たされます。このあと、千両の庭を見ながら、さらに奥の座敷に案内されます。

お庭の千両の赤い実は見事で、希望者には千両の種をくださいますので、お帰りのとき、受付で声を掛けてみてください。

奥の座敷に向かうと、庭には水琴窟《すいきんくつ》があり、耳を近づけると「キン、キン」という少し尖った冬の寒さを表すかのような音が響きます。京都の寺院には水琴窟がよくありますが、東林院の水琴窟の音は本当に美しいです。

奥の座敷に通され、少しすると小豆粥と精進料理が御膳で運ばれてきます。

「いただきます」と手を合わせいただきたいところですが、その前に大切なことがあるのです。

この話の初めに書いた、ちりとりみたいなものが目の前に置かれたのです。

「まずはお粥をこちらに少しずつ、お取り分けください」と説明があります。

人間がいただく前に自然の中で暮らす鳥や動物に施そうということです。『生飯《さば》の儀式』です。取り分けらえたお粥は庭に置かれた切り株の上に置かれます。

小鳥が突つきにくる姿を想像すると、共に生きていることを感じ嬉しくなります。

「はい、それではいただきます」の前に、心を落ち着かせて、食事五観文を唱えます。

一つには、功の多少を計り、彼《か》の来処《らいしょ》を量る。

二つには、己が徳行の全欠をはかって供《く》に応ず。

三つには、心《しん》を防ぎ、過貪等《とがとんとう》を離るるを宗《しゅう》とす。

四つには、正に良薬を事とするは、形枯《ぎょうこ》を療ぜんが為なり。

五つには、道業《どうぎょう》を成《じょう》ぜんが為に、将《まさ》にこの食《じき》をうくべし。

お茶の世界で言われていることと同じです。

自然や作ってくださった人に対して、人として正しく生きるためにいただく食事に対して、反省と感謝、新たな誓いを心に持つこと。普段は手を合わせるだけですが、言葉にすると、こうしていただけることが当たり前ではなくありがたいとより強く感じます。

このことを教えてくれる京都の行事は本当に素晴らしいと思います。みなさんもこの東林院の『小豆粥で初春を祝う会』にいかがですか。先ほどの精進料理教室のこと、私も何度か体験したことがありますが、和尚さんに注意された恥ずかしい思い出もあります。「きのこは洗わない。和え物は直前に。洗い物は桶に溜めて」など。この教えを肝に銘じて自然を大切にしたいものです。

妙心寺塔頭東林院＝京都市右京区花園妙心寺町59
★小豆粥で初春を祝う会　1月15日～31日
・京都駅からＪＲにて「花園駅」下車　徒歩８分

column

大丸のファミリー食堂が好きな理由

京都は食べるもんも美味しいのです。それは数えたらキリがないほど。有名無名に関わらず、美味しいところ、居心地の良いところは数限りなくあります。

まだまだ知らないところのほうが多く、一生かかっても行けないお店がたくさんあります。

子どもの頃、デパートに行くのが嬉しかった、それは私にとっては非日常だったから。普段は地元の市場や日にち毎に場所を変えて出る出店や近所のお店で買い物をしていたので、デパートに行くとなったら、何を着て行こうかと子ども心にも嬉しく考えたものです。

今でも思い出します。幼稚園ぐらいまでは母や祖母が作ってくれた洋服を着ていましたが、デパートで買ってもらった私の一張羅は黄色のギンガムチェックのノースリーブのワンピースでした。忘れもしない傘のマーク、アーノルドパーマーのものでした。

そのワンピースを買ってもらったのも大丸でした。今も書きながら、そのワンピースのこと、大丸のことを思い、自然と笑顔になっています。

京都ではいろいろなものに「さん」をつけて呼ぶことが多く、私の友人の中でも「大丸さん」

「高島屋さん」と呼ぶ人も。

私は照れくさくて、デパートはそのまま、「大丸」「高島屋」と呼んでいますが、その他、「お豆腐屋さん」「八百屋さん」「お芋さん」「お揚げさん」などと言います。

京都では、この二つのデパートのどちらが好みかが分かれます。私は家から近いのが大丸でしたし、初めて就職した職場も目と鼻の先だったこともあり、大丸になじみがあります。

子どもの頃は気合を入れてお出掛けという感じでしたが、大人になったら普段着で肩肘張らずに入れるのが大丸でした。高島屋は何となく高級感が感じられ、私にとってはしゃんと背筋を伸ばして寄せてもらうデパートです。

その頃はデパートの屋上には小さな観覧車があり、そのすぐ下の階にはファミリー食堂があり、心が踊りました。デパートに行くと何か食べさせてもらえると思ったのは、私の年代の方なら「そうそう」と相槌を打ってくださるのではないでしょうか。

今ではデパートも随分と様変わりをして、レストランも専門店が並び、高級感を出していますが、その中で昔のままで残っているのがこの大丸のファミリー食堂なのです。

ここの何が好きなのか。ウェイトレスさんやウェイターさんの黒の服に白いエプロン、この懐かしい雰囲気、そしてお客さんの様子を見ているだけで何となく心が温まります。

数年前の日曜日、午後六時半ごろでした。レストランフロアーの専門店は賑わっていましたが、ファミリー食堂は空席が目立ちました。見ようとしなくても他のお客様の様子が目に入ってきました。

何年も何十年も通い続けておられるお客様のようで、六、七人で来られていました。

「今日はおじいさんのお誕生日で来ました」との声が聞こえてきました。

ウェイトレスさんもそのお客様とは顔なじみのようで、「そうでしたか。それはおめでとうございます」と笑顔で話されていました。

その時に思ったのです、幸せってこういうことなんだな。


今はテレビなどでグルメ番組が花盛りです。

高級なお店で食べるのが幸せという考え方に私は違和感があります。誰とどんな話をして食事をするのか、そのお店の人が幸せそうに働いておられるのか、美味しいねと話しながら食べられるか、このほうが私にとっては昔から大事だったのです。その想いは今も変わりません。

それを実感させてくれたのが、先ほどの大丸ファミリー食堂での一コマでした。

あなたにも懐かしく感じる大切なお店はありますか。

年を重ねたからこそ、居心地が良いと思うところで心通う人と一緒に過ごしたいと思う今日この頃です。

辛い時は、釘抜《くぎぬ》きさんか鴨川へ

五十数年生きていると、その間には、どうしようもないほどの迷路に入り込み、生きる気力がなくなることがあります。以前の私にも、顔を洗うということさえ、気力がなくてできなかったことがあります。

起きるのも辛いそんな時でも、何とか家から一歩踏み出し、向かう先は鴨川でした。鴨川ってほんとに不思議な場所です。

生きるのが辛く、身を投げたいぐらいの思いで向かったはずなのに、ぼぅーっと鴨川の景色を眺めているうちに、「さあ家に帰ろう（生きる気になっている）」と思えるのです。街中を流れている鴨川は浅いので実際に身を投げるというのはオーバーな表現ですがね。

生きようとする気持ちになれるのには思い当たることがあります。とうとうと流れ続ける鴨川はきっと、その昔からいろいろな人の人生を見てきたと思うのです。歴史上の有名な人物から、名も知らない庶民まで。

いつの日も黙々と流れているのです。その流れで人々の辛さもきっと黙って流してくれると思えてくるのです。旅に来られたお客様にも「お辛いことは鴨川に流して帰ってください」とお伝えすることがあります。

それは私自身が実感しているからです。もうひとつ、鴨川の河川敷では様々な過ごし方ができます。見ているとそれはそれは面白いのです。

犬の散歩をしている人、楽器《ラッパ》の練習をしている人、鬼ごっこをしている子どもたち、ベンチに腰掛けて本を読んでいる人、自転車に乗る人など。

それぞれに好きなことをして過ごしています。

誰にも干渉されず、ここに来る人達は安全な場所で安心して好きなことができるのです。懐の深い鴨川です。

川の名前が変わる出町柳から上流の賀茂川ももちろん、同じようにそれぞれが心地良い過ごし方をしています。

私が一番好きな場所は丸太町から今出川辺りの右岸です。鴨川の西の河川敷がお気に入り、比叡山を見ながらぼぅーっとするのが好きです。

とても良いので、心を癒したいと思われるなら、京都に来られた時にはぜひ時間を作って、鴨川辺りを佇んでみてください。きっといろいろな想いを川が流してくれます。

そして、もう一カ所あります。辛い時には釘抜きさんです。私が中学生だった頃、夜になると祖母の友人がよく我が家に来ていました。私は牛乳を混ぜるだけのインスタントのデザートを作り、祖母の友人と一緒に食べたりしたものです。

そんな時、祖母の友人が「今日は朝から釘抜きさんへ行ってきましたんや」と話される日がありました。何のことかと聴き耳を立てていると、思い悩むことがあったので、釘抜き地蔵さんにお参りをしてきたということでした。

釘抜き地蔵さんとは、千本の上立売を少し上がった（北に行った）ところにある石像寺《しゃくぞうじ》という浄土宗のお寺のこと。弘法大師によって創建された後、真言宗から浄土宗に改宗されました。

本堂の前には大きな釘抜きの像があります。こちらにお参りすると苦しいことを抜いてもらえると伝えられていて、「苦抜き」から「釘抜き」になったとも言われています。祖母の友人も辛いことを抜いてもらおうとお参りされていたのです。

本堂の周りの壁には釘と釘抜きの絵馬がたくさん奉納されています。そこにはお礼と書かれているのでお参りし、その悩みが解決してお礼参りに来られて奉納されたものだとわかります。

数年前にお客様と訪れた時に、ご住職に御朱印をお願いされたお客様に対して、

「あなた達、ちゃんとお参りしてきましたか。お参りされている間に書いておきますね。お百度を踏めとは言わないけれど、せめて数え歳の数ぐらいお参りしてきてください」と言われてしまいました。

私たちは本堂の前で手を合わせた後だったので、どうしてそのように言われるのか、ぽかーんとしていました。ただその時に言われたのは、

「最近は御朱印をスタンプラリーのように集めておられる方が多いですが、やっぱりお参

りした証なんです。ぜひ、きちんとお参りなさってください」とのことでした。

お参りした回数がわかるように竹の棒が用意されていて、数え歳の数を握り、本堂正面に戻った時に、その棒をひとつずつお返ししていくのです。

お客様も私も五十代ですから汗をかきましたが、教えていただいて良かったと今でも思っています。お参り終えた時に清々しい気持ちになれましたので。

きっと祖母の友人も五十本以上の竹の棒を握り、お参りされていたのだと思います。

こうして、辛い時に手を合わせる場所があるのは幸せなことです。

あなたの暮らしている街や故郷にホッとして、気持ちが楽になるところはありますか。

石像寺（釘抜地蔵）＝京都市上京区千本通上立売上ル花車町503
上京区にある地元では釘抜さんの愛称で親しまれている。苦を抜いてくれると言われ、お参りする人が後を絶たない。
本堂の周りにはお礼参りで奉納された釘と釘抜の絵馬がびっしり。
・京都駅から市バス206「千本上立売」下車 徒歩2分

column

宝ヶ池公園球技場を見下ろす狐坂からエールを送る

京都市内の北の辺り、市街地から宝ヶ池や岩倉方面に抜ける道に狐坂があります。どうして狐坂と呼ぶのかは諸説あるので、気になる方はネットで調べてみてください。

以前は京都マラソンのコースにもなっていましたが、あまりの急坂で棄権する人が続出したので、コースが変更になり今は通らなくなりました。

京都は見た目以上に高低差があり、この狐坂は急カーブと坂の両方を持ち合わせているので走る人には大変だったはずです。

十九歳の時、この近くの自動車教習所に通っていたのですが、その時の狐坂は今のような綺麗な高架橋ではなく、教習コースにするには酷な細いヘアピンカーブで、それはそれは恐ろしい場所でした。高架橋になり、車を運転する人もずいぶん楽になったものです。

岩倉方面から狐坂を下るところでは京都市内が一望でき、そして、その左手すぐ下に宝ヶ池公園球技場が見えます。ラグビーやサッカーができる球技場で高校ラグビーフットボール大会の京都府の予選なども行われています。

車を運転しながら球技場が見えてくるとユーミンの『ノーサイド』がぐるぐると頭の中

を流れ出すのです。
特にこのあたりの歌詞が頭の中で歌とともに流れる時には泣きそうになります。
〝彼は目を閉じて 枯れた芝生の匂い 深く吸った
長いリーグ戦 しめくくるキックは ゴールをそれた…
何をゴールに決めて
何を犠牲にしたの 誰も知らず
歓声よりも長く…〞
ノーサイド、すべてが終わる、積み重ねて雨の日も風の日も青春かけてやってきたその最後にゴールをそれたボール。
その時の気持ちを考えると胸が締めつけられます。見ず知らずの彼にエールを送りたくなるのです。
二十代ＯＬの頃、ユーミンのコンサートによく出掛けていました。改装された今のロームシアターになる前の京都会館第一ホールでした。もちろん、ノーサイドのＬＰレコードも持っていて、その年のコンサートに友人達とも繰り出していました。
曲の間のユーミンの話は京都の思い出なども織り交ぜ、観客の心を鷲づかみにします。

鍵善さんの和菓子が大好きと言われたことも印象に残っています。

彼女が話された歌詞を作られる際の話はとても興味深かった。喫茶店にたまたま隣り合わせて聞こえてくる女性の話からヒントを得て、歌詞を作ることがあると言われました。

全国高等学校ラグビーフットボール大会のある年の決勝戦、終了間際の場面。トライが決まれば両校優勝になる場面でボールはゴールを外れ、ノーサイド。この試合をテレビで見て生まれた曲が「ノーサイド」らしいのです。

狐坂を下る度にユーミンの「ノーサイド」が私の頭を流れ、口ずさみ、見ず知らずの若者にエールを送る気持ちになるのです。全国高等学校ラグビーフットボール大会の決勝は大阪の花園で行われるので、京都の宝ヶ池公園球技場ではありませんが、私はふとこんな気持ちになるのです。

初天神《はつてんじん》に参ったら、終《しま》い天神《てんじん》にも参るんやで

初天神、一月二十五日は清々しい気持ちで、新年の挨拶をしに北野天満宮にお参りしたいものです。

天神さんの縁日は、菅原道真公の祥月命日の二月二十五日、六月二十五日の生誕日に由来し、毎月二十五日に行われています。

二月二十五日は梅花祭で上七軒の芸舞妓さんが野点《のだて》をしてくださる『梅花祭野点大茶湯《ばいかさいのだておおちゃのゆ》』が開かれ、雅な気持ちで梅の香とともに楽しめます。

天神さんの縁日には三百~四百店もの露店が立ち並び、見ているだけで楽しい上、店の方とのやり取りが堪らないのです。

「これはどんな風にして使ったらいいのですか?」とか「いつの時代のものですか?」とか「もうひとつ買うし安うしてもらえる?」とか。

今出川通の一の鳥居をくぐって、お参りするまでは誘惑の連続です。縁日で良いものを見つけても、後でゆっくり考えてから帰りに求めるというのはおすすめできません。

人の出逢いと同じように、ものとの出逢いも一期一会ということがあるので、あとでがっかりしないようにピンときたものはその場で連れて帰ると決めています。

もちろん、即決して、後でしまったと思うこともありますが、それは授業料と思って買い物を楽しむことにしています。

露店をひとつずつ見ているとなかなか前に進みません。三の鳥居の左手前に店の隙間に小さな鳥居が見えてきます。こちらへのお参りは何があってもしたいのです。

その名は伴氏社《ともうじしゃ》、菅原道真公の母が祀られていて、子どもの成長と学業成就の信仰が篤い社です。私に子どもはいませんが、このお社が好きでお参りしています。

伴氏社の鳥居は京都三珍鳥居のひとつで、額の部分が上の島木に食い込んでいます。参道のすぐ近くに三の鳥居があるので比べていただくと違いがよくわかります。

伴氏社の鳥居の足元をみると台座に蓮弁が刻まれています。こちらも珍しいのです。あとふたつの珍しい鳥居ですが、そのひとつは京都御苑にある厳島神社で、唐破風型の鳥居です。京都御苑の西南あたりにありますので、行かれた際にはぜひご覧ください。もうひとつは蚕の社の三柱鳥居です。

伴氏社に話を戻します。伴氏社の鳥居の手前に大きな橘の木があり、冬場にはたくさんの実を付けています。五月頃には白い花が咲き、とても良い香りがします。アロマオイルの橙から抽出されるネロリのような香りです。このように周りの景色や匂いも変わるので、天神さんの縁日につられて毎月でも出掛けたくなるのです。

その中でも外すことができないのが、はじめに書いた月の初天神。年が明けて、今年もよろしくお願いしますと天神さまにご挨拶をしないことには始まりません。

縁日にこうして元気で来られるのも天神さまが守ってくださっているからだと思います。新しい年に清らかな気持ちで柏手を打ち、天神さまに参拝できる、ありがたい初天神です。

幼い頃から祖母が口癖のように言っていたこと、「初天神に参ったら、終《しま》い天神にも参るんやで」と。一月二十五日の初天神にお参りしたら、十二月二十五日の終い天神にもお参りすることを私は耳にたこができるぐらい毎年聞かされていました。

何の疑いもなくそんなものだと当たり前にお参りしていましたが、物事がわかる年齢になると、京都の暮らしの中で、初天神と終い天神を大切にしていることは、一年を無事に過ごせたことへの感謝の気持ちを伝えるひとつの方法だったし、そういう気持ちでいることを自然に教わったのだと腑《ふ》に落ちました。

年の暮れになって、終い天神に参るんだと心に決めるので、健康に気を遣います。新年のお願い事だけではなく、きちんと無事に一年過ごせたことのお礼を伝える、人が生きる中での基本ではないでしょうか。

京都の暮らしから教わることが多く、頭ごなしに言われることや躾けられることよりも、自然にからだと心に染み入ります。

終い天神にお参りすると改めて京都への感謝、敬愛の心が溢れるのです。

「初天神に参ったら、終い天神にも参るんやで」と今も祖母の声が聞こえてきそうです。

北野天満宮＝京都市上京区馬喰町

学問の神様、受験のシーズンにはたくさんの絵馬が掛けられる。私自身、高校受験前一ヶ月ほど、友達と自転車で毎朝お参りしていた過去がある。天神さんと呼ばれ、毎月25日の縁日は多くの人で賑わう。

・京都駅から市バス５０で「北野天満宮前」下車すぐ。

源光庵《げんこうあん》で撞く除夜の鐘に想いを寄せて

一年が終わろうとしている十二月三十一日、午後十一時、寒空のもと、源光庵《げんこうあん》にいます。心静かにこの時を迎えられたことをしみじみと感じ入りながら除夜の鐘の順番を待っています。空を見上げると空気が澄んでいるからか、星が綺麗で大きく見えます。

一年で一番綺麗な夜空なんじゃないかと思えてきます。夕日や朝日、お月様に注目することはよくありますが、夜空をずっと眺める機会はあまりないので、大晦日に夜空を見て、こんなに綺麗だったのだと改めて感じるのです。

源光庵には、毎月第一日曜の早朝坐禅にも寄せていただいていますし、お客様ともお邪魔しているので、見慣れた景色のはずですが、この時間帯に訪れるのはこの時だけです。毎年ピーンと張り詰めた空気の中、お正月飾りをされた山門と鐘を見ると感動します。

鷹峯《たかがみね》街道を上がったところにある源光庵、曹洞宗の寺院で丸い「悟りの窓」と四角い「迷いの窓」が有名です。この窓の前に座ると心が落ち着くのです。

いつまでもここに座っていたいと思うものです。旅の案内でお客様とご一緒しても、こちらでは声は掛けずにいます。居たいだけ座っていてほしいから。

最近はどこを訪れても、「インスタ映え」などという言葉もあるように写真を撮ることに熱中してしまいがちですが、『京都癒しの旅』に来られるお客様の何人かから「写真は撮りません。心に残して帰ります」と言われ

源光庵

たことがあり、本当にそうやなぁと思いました。

大切なものはその場で感じ入ること、必要なら心に残りますものね。これから、さらにお客様の心の声に耳を澄まして、京都でお過ごしいただけるようにしたいものです。


昨年（二〇一八年）末の除夜の鐘を撞く整理券は八番でした。七番の券を手にされたお客様と除夜の鐘をご一緒することができ、いつにも増して感慨深い年の暮れになりました。十二月二十五日の終い天神からご一緒させていただいていたのですが、天神さんの縁日がずいぶん昔のことのように感じます。

除夜の鐘を撞く、その心の準備をしていると目の前に来る新年への思いが募ります。

夜空を見上げて雲の白さを感じることができ、深夜なのに少し白んでいる、こんなことに気付くのも除夜の鐘を撞く順番を待つ時間ならではです。


いつも目には映っているはずの景色を意識することなく、なかったものかのように過ぎ去っていきます。たまには強制的にでも時間を見つけて、空を見上げたり、山を見たり、耳を澄ましたりしたいものです。

急ぐことなく穏やかな気持ちでいると、良い景色を見ることができます。今の暮らしは少し早足すぎて、大切なものを見落としてもったいないですね。

限りある命、ゆったりと落ち着いた気持ちで良いものを感じて終えていきたいと思うようになったのも年を重ねたからかもしれません。

鐘撞きを待つ二十〜三十分の間にさまざまな想いが頭をよぎりました。


さて、そろそろ、除夜の鐘の時間です。ご住職から、

「今年は少しお人も多いので、これから始めます。今年一年の反省をして、新年への想いを持って静かな心で鐘を撞いてください」とご挨拶がありました。

ゴーーーン、余韻に浸ります。撞くことに集中して、何も考えずでしたが、それがとても気持ち良かったのです。終わり良ければすべて良し。今を味わい尽くす年越しでした。

年越しは地域によって、ご家庭によって、さまざまかと思いますが、皆が幸せを願い無事に過ごせて良かった、辛い一年であったとしても、年を越せる状況になれたことが良かっ

たと思われた方、いろいろといらっしゃるかと思います。

新年を迎えるために除夜の鐘を鳴らすという風習が末永く続いてくれることを願います。一年でのひとつの区切りになり、感謝の気持ちが湧き、心新たにと思えるのです。生身の身体ですので一日先のこともわかりませんが、今年の大晦日も源光庵で除夜の鐘を撞くと心に決め、一日一日を味わい過ごしたいものです。

あなたにとって素敵なゆく年の過ごし方はどうようなものでしょうか。

源光庵＝京都市北区鷹峯北鷹峯町47
丸い「悟りの窓」と四角い「迷いの窓」の前に座ると心が落ち着く本堂、四季折々、違う景色を楽しめる寺。月に一度の坐禅会に参加、ゆるく生涯続けるのが目標。
・京都駅から市バス6（本数少ない）「鷹峯源光庵前」下車すぐ
・京都駅から地下鉄烏丸線「北大路」乗り換え、市バス北1「鷹峯源光庵前」下車すぐ
・2021年10月下旬まで拝観休止

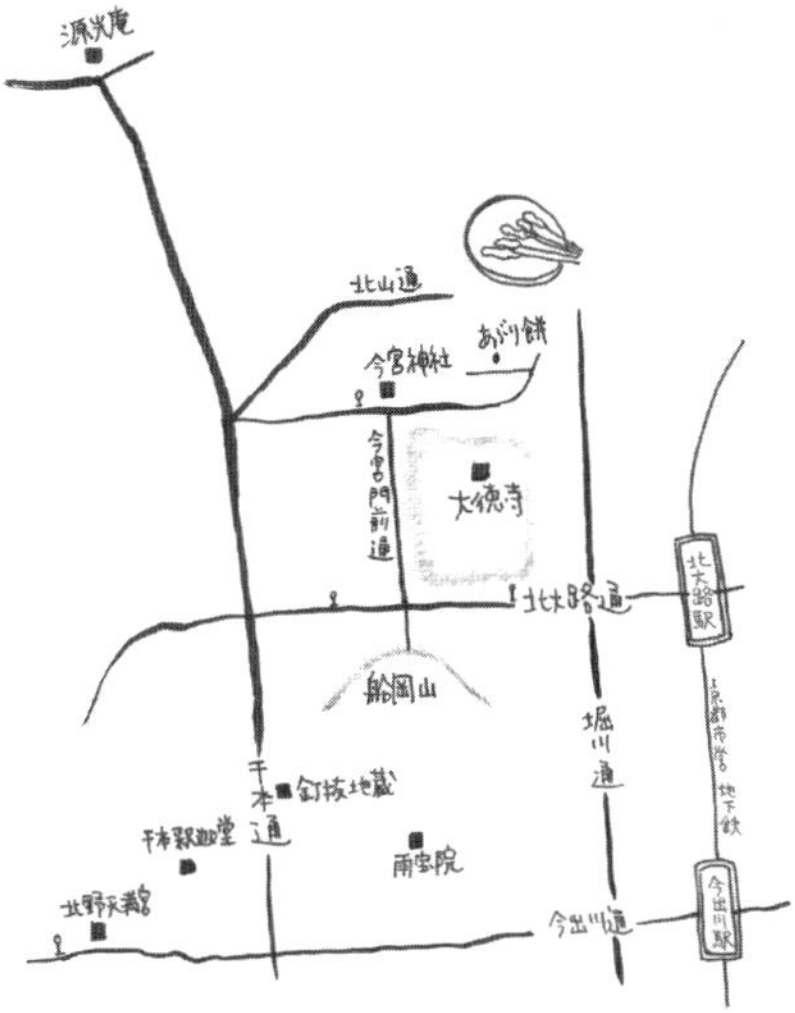
源光庵
北山通
あぶり餅
今宮神社
今宮門前通
大徳寺
北大路通
北大路駅
船岡山
堀川通
京都市営地下鉄
千本通
釘抜地蔵
千本釈迦堂
雨宝院
北野天満宮
今出川通
今出川駅

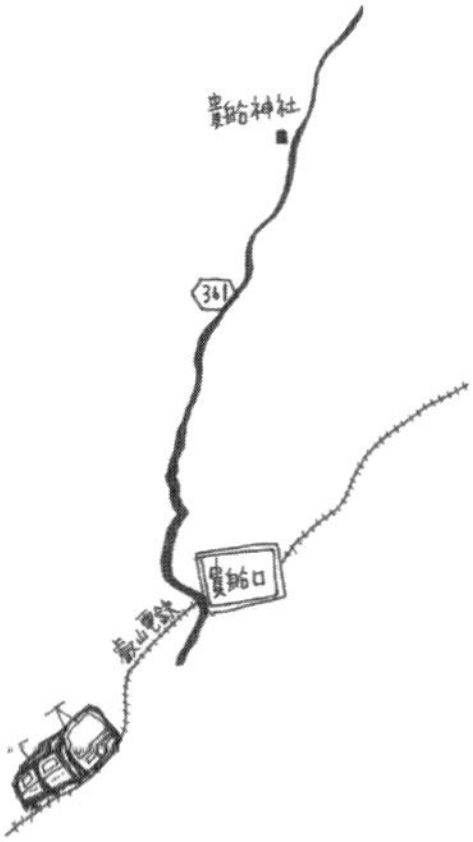
貴船神社
361
貴船口
叡山電鉄

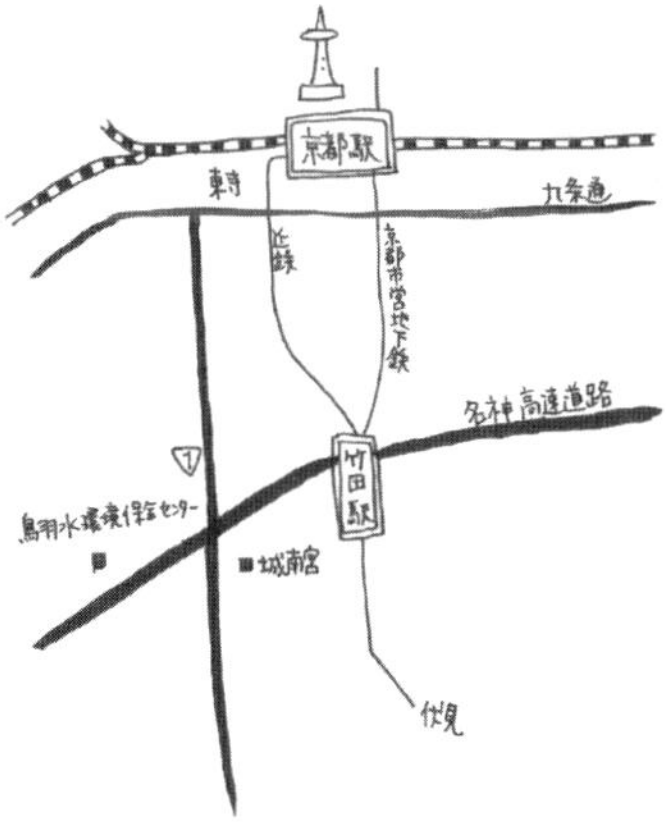
京都駅
東寺
九条通
近鉄
京都市営地下鉄
名神高速道路
1
竹田駅
鳥羽水環境保全センター
城南宮
伏見

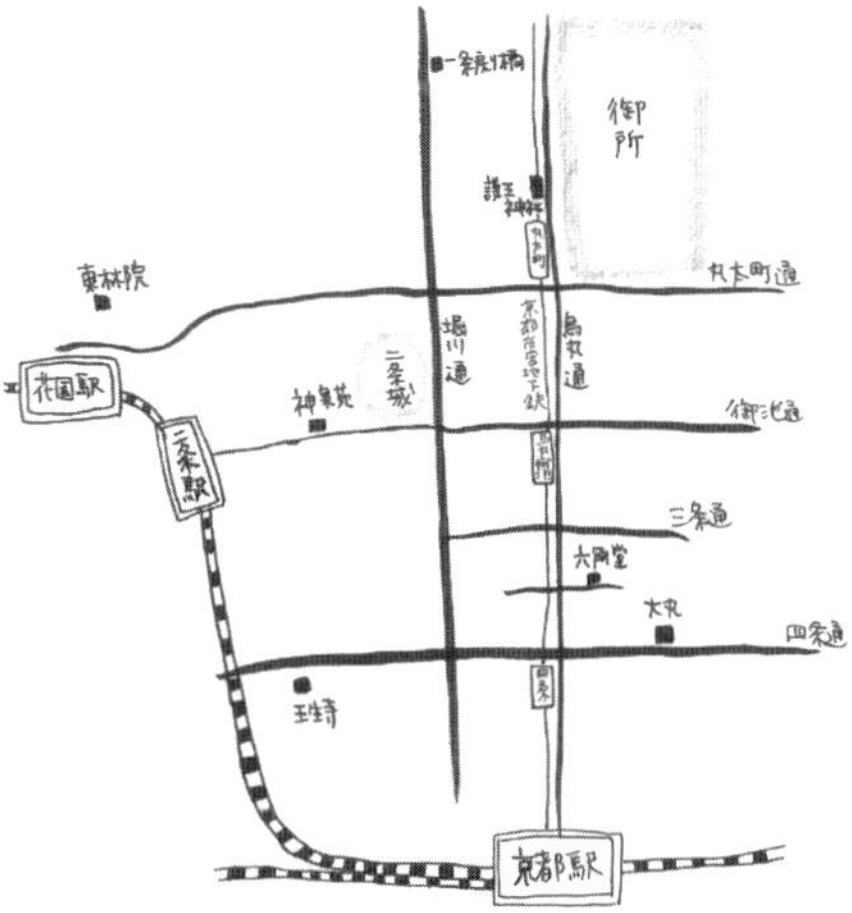
一条戻り橋
御所
護王神社
丸太町
東林院
丸太町通
堀川通
京都市営地下鉄
烏丸通
二条城
花園駅
神泉苑
御池通
二条駅
烏丸御池
三条通
六角堂
大丸
四条通
四条
壬生寺
京都駅

「はーい」と手を挙げてみる人生

みやざき中央新聞　魂の編集長　水谷もりひと

その昔、本を出したいと思ってはいたが、どうやって出すのか分からなかった。そもそも本の出版など雲の上のことのように思っていた。そんな僕が、宮崎という日本列島南端の地から、生まれて初めてセミナーを受けるために飛行機に乗って大阪に行ったのは十年ほど前のことである。

講師の方がセミナーの途中で、ちょっと横道に逸れてこんな話をされた。「本を出すのって簡単です。本を出している人と友だちになればいいんです」

この言葉が頭の片隅に残った。

その翌年、長野県の上田情報専門学校の比田井美恵校長と比田井和孝副校長のお二人とご縁をいただいた。

僕は、このお二人が共著で出していた『私が一番受けたいココロの授業』という本をたまたま持っていたし、それが結構売れていたことも知っていた。それで、「私も本を出したいと思っているのですが、いい出版社があったら紹介してくださいというメールを送った。すると「いいですよ」と快諾してくれ、東京・秋葉原にある「ごま書房新社」を紹介してくれた。ここから僕の人生は思いもしない方向に大きく舵を切ったのだ。

もし飛行機に乗ってあのセミナーに行ってなかったら。

もしあの講師が「本を出すのって簡単です。本を出している人と友だちになればいいんです」という一言を発していなかったら。

もし比田井さんご夫妻と出会っていなかったら。

そう考えると、予期しない偶然の出逢いの掛け合わせで人生というドラマはどんどん面白く展開していくと思える。いや、偶然なんかではない。教育学者の森信三先生がおっしゃっていたように「人は、一瞬の狂いもなく、つまり遅からず早からず、その人にとって一番いいタイミングで出逢うべき人に出逢うもの」だと言ってもいいだろう。

二〇一八年の夏、京都市内のレストランで開催されたみやざき中央新聞の読者の集いに下戸眞由美さんは来られていた。「読者の集い」なのに、彼女は読者の友人から連れて来られた人で、読者ではなかった。

その席で、僕は前述した大阪のセミナーの話をし、「本を出すのって簡単です。本を出している人と友だちになればいいんです。皆さんの中で本を出したい人はいませんか？」と投げ掛けた。

すると間髪入れず下戸さんが手を挙げたのだ。

彼女の人生が、思いもしない未来に向かって大きく舵を切った瞬間だった。

無名の著者の本が売れるか売れないかを左右するのは、内容じゃない。タイトルであったり、キャッチコピーであったり、一瞬で目に飛び込んでくれるキーワードである。

彼女の話を聞いて「京都」と「癒し」と「旅」という言葉に僕はビビッときた。中でも多くの観光客が京都を訪れる動機は「癒し」だ。エキサイティングなテーマパークやショッピングやグルメではない。

ストレス過多の現代、「癒し」と「旅」と「京都」はとてもマッチする。

この本を多くのビジネスマンに手に取ってもらいたい。昔、修学旅行で行った京都に、疲れた心を連れていってほしい。

きっとこの本は、人生の後半期を彩る味わい深い一冊になると思う。

あとがき

最後までお目通しいただき本当にありがとうございます。

本書を書き終えて、娘がいたらお嫁に出すのはこういう気持ちなのだろうかと想像しています。私には子どもはいませんが、この本が我が子のように感じます。

京都で生まれ育ち、明治生まれの祖母との暮らしや、旅案内をするようになって思い至ったことを書きました。すると不思議とさらに京都が好きになり、この本で紹介した場所へ再度出掛けて、どれだけ感じ方が変わるのかも味わってみたくなりました。

生きることは本当に大変です。楽しいこと、嬉しいことや人の優しさを感じるのは、それだけ辛く悲しいことがあるからです。それは誰でもですが、感じ方は千差万別。少しでも幸せに感じる捉え方が出来たらいいですね。京都の暮らしや季節の行事に触れるにつれ、先人達の知恵の素晴らしさに驚きます。様々に工夫しながら、季節を感じ、旬を大切に、自然への感謝を忘れずにそれぞれに手を合わせる習慣。

スピード感が大事と言われる時代ですが、一呼吸置いて、空を見上げたり、風を感じたり、物事を考えたり、言葉を選んだりできるゆとりを持つのも良いのではと思います。私は何をするにも人より時間が掛かります。旅の仕事を自分で始めるまでに十二年も要してしまいました。それでも諦めなかったら、チャンスは訪れるものです。

今回の出版についても、人の温かさと良いご縁に感謝しかありません。昨年の春頃、本を書きたいと遊食邸の関さんにポロっと話したことがきっかけで、みやざき中央新聞を読む会に誘ってくださり、そこで水谷もりひと編集長の講演に出逢いました。

その時のお話が心に刺さり、人見知りで目立つことが苦手な私がその場で本を書きたいと口にしたのですから、自分でも驚きです。水谷編集長が講演で最後に言われたことに大きく背中を押されたのです。

「例えば、今朝、交通事故にあったとして、人生どん底の人がいたとします。でも一気に運を上げる方法があります。それはこの場で決断することです」

実は当時、体調を崩していて、前日に喘息で肺年齢が九十五歳以上になっていると診断され、この先どれだけ生きられるかわからないと思い悩んでいたのです。なぜ、私が勇気を出せたかですが、思い残すことのないように決断して、手を挙げたのだと思います。

それはみやざき中央新聞の読者の方たちの温かい雰囲気に包まれていたからです。おかげさまで今は快復して元気になりました。

みやざき中央新聞の水谷編集長から「書きましょう。ところで原稿はできているの？」と聞かれ、青ざめました。実際のところ、何も出来ていなかったからです。それから、急いで目次と序章をお送りし、数ヶ月のち、出版が決まりました。水谷編集長が私には見えないところで、ごま書房新社の池田社長にご推薦くださっていたのです。

もう一つ、水谷編集長から学んだこと、それは本人がいないところで褒めることです。私もそのような人間になりたいと小さなことから実践中です。

ここまでの道のりを支えてくださった全ての方に心より感謝申し上げます。

ベルテンポ・トラベル・アンドコンサルタンツの高萩さん、「ほぼ日刊イトイ新聞『おとなの小論文教室。』」やワークショップで生きる力をくださった山田ズーニーさん、ご助言をくださった文筆家の湧月りろさん、辛い日々を支えてくださった遊食邸の関さんご夫妻、京都みやざき中央新聞を読む会の皆様。本書にお言葉をくださった、みやざき中央新聞の水谷編集長、最後まで寄り添ってくださったごま書房新社の池田社長、イラストを描いてくださった安藤加恵さん、本当にありがとうございました。

この本をお読みくださった皆様が、今お住いの街や故郷の良さを思い出されたり、小さな目の前の幸せに笑顔になられたり、京都にも足を運んでみたいと思っていただけたなら、この上なく幸せです。

一条戻橋の河津桜が満開の京都にて

下戸　眞由美

参考文献
京都の寺社505を歩く〈上〉〈下〉（PHP新書）槇野 修（著）山折 哲雄（監修）
新版　京都・観光文化検定試験―公式テキストブック　森谷 尅久（監修）京都商工会議所（編集）
月刊京都　（白川書院）各神社仏閣パンフレット等

写真提供　貴船神社　今原町家
取材協力　公益財団法人　役行者山保存会
今宮神社　貴船神社　源光庵

＜著者プロフィール＞

下戸 眞由美（おりと まゆみ）

京都・西陣生まれ。京都癒しの旅代表
短大卒業後、京都信用金庫に勤務、結婚を機に退職。その後、呉服店、ツアーガイド、添乗員、教育機関など様々な業種、職種を経験する。2012年、念願の「京都癒しの旅」を創業。女性の心に寄り添うことを理念として、マンツーマンから少人数までの旅を企画・案内。旅に参加された方からは、まるで京都の友人と過ごしているようだと言われリピート率が高い。案内人として黒子に徹し、セラピーの旅としても新しい旅のかたちを確立提供している。
総合旅行業務取扱管理者。京都府知事登録旅行業第3-638号
＜メディア掲載＞
PHPスペシャル2016年12月増刊号「50代から好転するいい生き方」
京都新聞経済特集　My ウェイ My ライフ
京都新聞　女性の起業 夢語り合う
関西ウーマン インタビュー起業家編
月刊『茶の間』他

京都癒しの旅HP　https://kyoto-iyashinotabi.jp/
京都癒しの旅ブログ　https://ameblo.jp/kyoto-iyashinotabi/

京都癒しの旅

著　者　下戸 眞由美
発行者　池田 雅行
発行所　株式会社 ごま書房新社
〒101-0031
東京都千代田区東神田 1-5-5
マルキビル 7F
TEL 03-3865-8641（代）
FAX 03-3865-8643
カバーデザイン　(株)オセロ 大谷 治之
本文イラスト　安藤 加恵
帯写真　松村 シナ
DTP　ビーイング 田中 敏子
印刷・製本　精文堂印刷株式会社

ISBN978-4-341-08734-0 C0026

水谷もりひと 著　**新聞の社説シリーズ合計 13万部突破!**

最新作

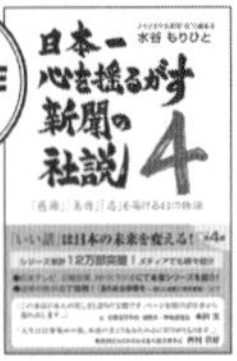

『いい話』は日本の未来を変える！

日本一　心を揺るがす新聞の社説 4

「感謝」「美徳」「志」を届ける41の物語

- ●序　章　「愛する」という言葉以上の愛情表現
- ●第一章　心に深くいのちの種を
  聞かせてください、あなたの人生を／我々は生まれ変われる変態である　ほか11話
- ●第二章　苦難を越えて、明日のために
  問題を「問題」にしていくために／無言で平和を訴えてくる美術館　ほか11話
- ●第三章　悠久の歴史ロマンとともに
  優しさだけでは幸せに育たない／美しい日本語に魅了されましょう　ほか11話
- ●終　章　絶対に動かない支点を持とう！

本体1250円＋税　四六判　196頁　ISBN978-4-341-08718-0　C0030

ベストセラー！　感動の原点がここに。

日本一　心を揺るがす新聞の社説 1

みやざき中央新聞編集長　水谷もりひと　著

大好評 15刷!

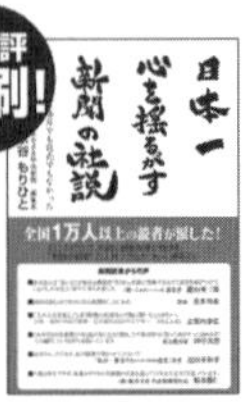

タイトル執筆 しもやん

- ●感謝　勇気　感動　の章
  心を込めて「いただきます」「ごちそうさま」を／なるほどぉ～と唸った話／生まれ変わって「今」がある　ほか10話
- ●優しさ　愛　心根　の章
  名前で呼び合う幸せと責任感／ここにしか咲かない花は「私」／背筋を伸ばそう！　ビシッといこう！　ほか10話
- ●志　生き方　の章
  殺さなければならなかった理由／物理的な時間を情緒的な時間に／どんな仕事も原点は「心を込めて」　ほか11話
- ●終　章
  心残りはもうありませんか

【新聞読者である著名人の方々も推薦！】

イエローハット創業者／鍵山秀三郎さん、作家／喜多川泰さん、コラムニスト／志賀内泰弘さん、社会教育家／田中真澄さん、（株）船井本社代表取締役／船井勝仁さん、『私が一番受けたいココロの授業』著者／比田井和孝さん…ほか

本体1200円＋税　四六判　192頁　ISBN978-4-341-08460-8　C0030

好評 7刷!

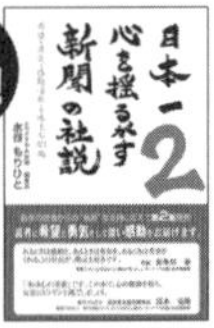

［あの喜多川泰さん、清水克衛さんも推薦！］

続編！　“水谷もりひと”が贈る希望・勇気・感動溢れる珠玉の43編

日本一　心を揺るがす新聞の社説 2

- ●大丈夫！　未来はある！（序章）
- ●感動　勇気　感謝の章
- ●希望　生き方　志の章
- ●思いやり　こころづかい　愛の章

「あるときは感動を、ある時は勇気を、
　あるときは希望をくれるこの社説が、僕は大好きです。」作家　喜多川 泰

「本は心の栄養です。この本で、心の栄養を保ち、元気にピンピンと過ごしましょう。」
本のソムリエ　読書普及協会理事長　清水 克衛

本体1200円＋税　四六判　200頁　ISBN978-4-341-08475-2　C0030

好評 3刷!

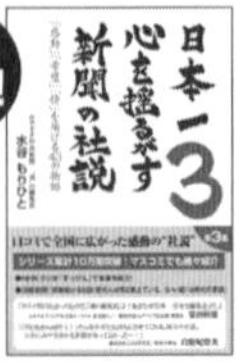

“水谷もりひと”がいま一番伝えたい社説を厳選！

日本一　心を揺るがす新聞の社説 3

「感動」「希望」「情」を届ける43の物語

- ●生き方　心づかい　の章
  人生は夜空に輝く星の数だけ／「できることなら」より「どうしても」　ほか12話
- ●志　希望　の章
  人は皆、無限の可能性を秘めている／あの頃の生き方を、忘れないで　ほか12話
- ●感動　感謝　の章
  運とツキのある人生のために／人は、癒しのある関係を求めている　ほか12話
- ●終　章　想いは人を動かし、後世に残る

本体1250円＋税　四六判　200頁　ISBN978-4-341-08638-1　C0030